Viktoria Hassouna · Natives Olivenöl

Viktoria Hassouna

Natives Olivenöl

Was Sie über Olivenöl wissen sollten

Geheimnisse, Tipps und Tricks
aus einer jahrtausendealten Tradition in Tunesien

Mit tunesischen Rezepten!

Weitere Informationen über den Bio-Olivenhain Ksar-Ezzit in Tunesien finden Sie im Internet unter: www.ksar-ezzit.com

Fotos: Viktoria Hassouna; außer Bild 26: California Olive Ranch; Bild 5 und 44: Mohamed Melek Hassouna; Bilder 47 und 48: Bayerisches Landesamt für Gesundheit und Lebensmittelsicherheit (LGL)

Bibliografische Information der Deutschen Nationalbibliothek:
Die Deutsche Nationalbibliothek verzeichnet diese Publikation in der Deutschen Nationalbibliografie; detaillierte bibliografische Daten sind im Internet über < http://dnb.d-nb.de > abrufbar.

Satz und Layout: Buch&media GmbH, München
Umschlaggestaltung: Kay Fretwurst, Spreeau
Herstellung und Verlag: Books on Demand GmbH, Norderstedt
Printed in Germany
ISBN 978-3-8334-8345-5

Meinem Mann Lassaad, der mich inspirierte,
und meinen Kindern Mohamed Melek und Rayan
für ihre Geduld

Inhalt

Vorwort

Als ich das erste Mal nach TUNESIEN kam, war ich gleich von den majestätischen Olivenbäumen fasziniert. Wie viele tausend Male mag ich unter ihrem Schutz gesessen und ihre Ruhe gespürt haben? Ich konnte mich einfach nicht sattsehen. Mit seinem olivgrünen Dach, das von unten silbrig schimmert, ist der Ölbaum das Wahrzeichen mediterraner Landschaften. Seine magische Schönheit zieht jeden Betrachter in den Bann. Heute, nachdem ich seit fast 20 Jahren hier lebe, haben wir uns eine Existenz aufgebaut und unser Leben eingerichtet. Zwei Kinder sorgen für Abwechslung, und die Gelegenheiten sind leider rar geworden, in denen ich die Ruhe der Olivenbäume genießen kann. Trotzdem brauche ich nicht auf meine alte Liebe zu verzichten. Denn sogar in unserem privaten Garten brachten wir es nicht über das Herz, auch nur einen dieser alten Genossen zu vertreiben. Und so strahlt mich jeden Morgen die Sonne durch ihre unendlichen Kronen an …

Mein Mann weckte in mir die Leidenschaft für diesen Baum, seine Früchte und sein schmackhaftes und gesundes Öl. So wurde er mein Lehrmeister und ich konnte außerordentlich viel von seinem Wissen profitieren. Er arbeitet seit seiner frühesten Jugend in nun bereits dritter Generation im Olivenölsektor und kann heute auf über 30 Jahre Berufserfahrung zurückblicken. Schon sein Vater, Djedidi Hassouna, war wie mein Mann ein Pionier in dieser Branche – mit einer klaren Vision für die Zukunft. Er war es, der 1975 die erste moderne Ölpresse TUNESIENS, ein sogenanntes kontinuierliches Endlossystem, installierte. Der erste Flexitank TUNESIENS wurde 1996 in der Ölmühle der Familie Hassouna mit *nativem Olivenöl extra* befüllt und für den Export vorbereitet.

Jetzt sind mein Mann und ich bereit für die nächste Etappe, denn nun verwirklichen wir einen lang gehegten Traum und bewirtschaften unseren neu erworbenen, 400 Hektar großen Olivenhain streng nach biologischen Maßstäben. Aber nicht nur das! Wir denken, dass die Zukunft unseres Olivenhains »Ksar-Ezzit« in der Vergangenheit liegt. Aus diesem Grund verbannen wir alle modernen Fahrzeuge wie Pkws, Lkws, Traktoren etc. auf den eigens dafür angelegten Parkplatz außerhalb der Plantage. Dort steigt der interessierte Besucher auf wartende Pferdekutschen um. Die Arbeit der Traktoren übernehmen in unserem Landgut Pferde, Esel und Kamele. Keine Autoabgase verpesten die klare Bergluft, kein Motorenöl vergiftet die kostbare rote Erde. Hier gedeihen die Olivenbäume im Einklang mit der Natur. Unsere antike Ölmühle mit Granitblöcken und einer Hydraulikpresse sowie unsere moderne Ölmühle mit einem kontinuierlichen Endlossystem garantieren eine schnelle und schonende Verarbeitung der Oliven und ermöglichen einen transparenten Produktionsprozess vom Anbau über die Ernte bis hin zur Herstellung des nativen Olivenöls. Darüber hinaus können wir den biologischen Ursprung unseres Öles bis zur letzten Olive zurückverfolgen und garantieren. In dem angrenzenden Museum über die Entstehung der Olivenölkultur in TUNESIEN können die Gäste entdecken und vergleichen, wie in den verschiedenen Epochen natives Olivenöl erzeugt wurde und wie es heutzutage mithilfe modernster Technik produziert wird.

Mein Mann war es auch, der mich zu diesem Buch inspirierte. Leider wissen die Konsumenten in Europa in der Regel nicht, dass auch in TUNESIEN *natives Olivenöl extra* produziert wird, und zwar der allerhöchsten Güte. In keinem Buch, egal, ob in deutscher, französischer oder englischer Sprache, wird auf TUNESIEN als Olivenöl produzierendes Land detailliert eingegangen. Die nativen Olivenöle aus TUNESIEN sind in Europa beim Verbraucher praktisch unbekannt.

Ursache hierfür sind sicher die großen Versäumnisse beim weltweiten Marketing seitens der tunesischen Verantwortlichen. Außerdem sind seit der Öffnung des tunesischen Olivenölsektors für den internationalen Markt im Jahr 1995 noch immer wenige Marken entstanden, die *natives Olivenöl extra* in Flaschen exportieren. 97 Prozent des tunesischen Olivenöls werden dagegen in größeren Mengen (Container, Flexitanks, Fässer) ausgeführt, und nur wenige der internationalen Abnehmer wagen es, TUNESIEN als Herkunftsland auf ihrem Etikett zu erwähnen. Hinzu kommt, dass die Werbestrategen der italienischen Olivenölverbände außergewöhnlich erfolgreich waren, weshalb die meisten Verbraucher automatisch an Italien denken, wenn von gutem Olivenöl die Rede ist. Sogar die Newcomer-Olivenöle aus Kalifornien werden laut angepriesen, obwohl sie doch sowohl in quantitativer als auch in qualitativer Hinsicht auf dem Weltmarkt eine eher unbedeutende Rolle spielen. Die amerikanischen Produzenten und Zulieferer können der immer größer werdenden Nachfrage im eigenen Land in keiner Weise allein mit kalifornischem Olivenöl nachkommen. Sie importieren es deshalb jeden Monat tonnenweise aus TUNESIEN und aus den anderen klassischen Olivenöl produzierenden Mittelmeerländern. Die USA haben mit einer Anbaufläche von 15 800 Hektar im Vergleich zu TUNESIEN, das eine Anbaufläche von 1 680 000 Hektar hat, eine unvergleichbar kleine Olivenölproduktion. TUNESIEN ist nach der Europäischen Union der zweitgrößte Olivenölexporteur weltweit.

Außerdem zählt das native Olivenöl aus Tunesien neben dem aus Griechenland unter Fachleuten zu den besten nativen Olivenölen weltweit. Aus diesem Grund wird es von italienischen Produzenten und Abfüllern hoch geschätzt und in großen Mengen importiert, um durch eine sogenannte »Coupage« die Qualität des eigenen Olivenöls zu verbessern.

Ich denke, es ist an der Zeit, die Menschen, die etwas Gutes für ihre Gesundheit tun und die guten Geschmack in ihre Küche bringen wollen, mit den nötigen Informationen auszustatten. Lassen Sie mich mit diesem Buch Ihre Neugierde auf das sonnenverwöhnte *native Olivenöl extra* aus Tunesien wecken ...

Viktoria Hassouna, Tunesien, im Oktober 2007

Da mit der Bezeichnung »Olivenöl« nicht das natürliche Produkt der Oliven gekennzeichnet wird, sondern – wie in dem Kapitel »Klassifizierungen« ausführlich beschrieben – eine Mischung aus nativem und raffiniertem Olivenöl, wird in diesem Buch stets die etwas umständliche, aber korrekte Bezeichnung natives Olivenöl benutzt. Viele Händler berichteten mir, dass es wegen dieser Wortdefinition immer wieder zu für den Kunden ärgerlichen Missverständnissen kommt. Wer sich nicht auskennt und beim Kauf zu »Olivenöl« greift, muss unweigerlich enttäuscht werden.

Geschichte und Tradition

Woher stammt der Ölbaum?

Von der Antike bis heute, seit über 6000 Jahren, prägt der Ölbaum die Länder rund um das Mittelmeer. Seine Produkte dienten dem täglichen Leben auf vielfältigste Weise: Tafeloliven und natives Olivenöl als Nahrungsmittel und Olivenöl als Konservierung für viele Lebensmittel. Dieses war außerdem perfekt zur Pflege von Fußböden (insbesondere von Marmor), Leder und Waffen geeignet und als Lampenöl unverzichtbar. Man benutzte Olivenbaumblätter und natives Olivenöl als therapeutische Mittel sowie als eine Art Weihrauch. Olivenöl war Opfergabe an die Götter sowie Grabbeigabe für die letzte große Reise der Verstorbenen.

Seinen Ursprung hat der jahrtausendealte Ölbaum in Kleinasien im östlichen Mittelmeerraum. Dort wurden Reste eines wilden Olivenbaums gefunden, der kleinste Früchte trug und als ein Vorgänger der heute bekannten Nutzpflanze gilt. Diese Urform bildete riesige Wälder in Kleinasien, Syrien, Palästina, Ägypten und Griechenland. Einige dieser dornigen Wildgewächse wachsen dort nach wie vor. In Italien entdeckte man fossilisierte Olivenbaumblätter, die sechs Millionen Jahre zurückdatieren. Auch in Nordafrika fand man Spuren von Ölbäumen, die aus der Altsteinzeit, dem Paläolithikum, stammen. Aus Frankreich, genauer aus dem Languedoc und der Provence, sind Funde bekannt, die 20 000 Jahre alt sind. Unter anderem von den ägäischen Inseln Santorin und Nisyros stammen die versteinerten Ölbaumblätter, die 50 000 bis 60 000 Jahre zurückdatiert werden konnten. Paläobotanikern zufolge handelt es sich hierbei um die Blätter des wilden Ölbaums.

In den Ruinen von Sbeitla, Tunesien, zeugen die Reste einer römischen Ölmühle von vergangenen Zeiten, in denen die Römer hier Olivenöl produzierten. Dieses Öl wurde in Sousse auf spezielle Boote verladen, von wo es nach Rom transportiert wurde.

Man weiß noch nicht mit Sicherheit, wann und wie der kultivierte Olivenbaum, der Echte Olivenbaum, der von dem berühmten schwedischen Botaniker Carl von Linné (1707–1778) *Olea europaea L.* getauft wurde, in die Länder rund um das Mittelmeer gelangte. Bis heute sind die Wissenschaftler über die Details seiner Kultivierung und seiner Weiterverbreitung unterschiedlicher Meinung. Man geht jedoch im Allgemeinen davon aus, dass der uns heute bekannte Ölbaum von der Pflanze *Olea chrysophylla* abstammt. Irgendwann vor Tausenden von Jahren waren die Bewohner des Mittelmeerraumes nicht mehr damit zufrieden, nur eher zufällig gefundene Früchte als Nahrung zur Verfügung zu haben. Vielleicht stellten sie daraus sogar schon Öl her. Denn schon vor 6000 Jahren erntete man in der Gegend des heutigen Syrien und Palästina Früchte, deren Öl erwiesenermaßen zumindest als Brennstoff für Lampen und für die Hautpflege genutzt wurde. Mit der Zeit machten sich die Anwohner des östlichen Mittelmeeres Gedanken, wie sie die »Produktion« dieser Frucht und wahrscheinlich auch schon die Produktion des Öls organisieren könnten. Sie pflanzten einerseits Olivenhaine, andererseits verbesserten sie die Eigenschaften des damals noch wilden Olivenbaums mittels verschiedener Veredelungstechniken. Durch einen langen und peniblen Kultivierungsprozess entstand der uns heute bekannte Ölbaum. Auf der griechischen Insel Kreta fand man die bis heute ältesten Spuren einer systematischen Olivenbaumkultur. Aber vermutlich wurde dieser bereits veredelte Baum in Form von Stecklingen aus Kleinasien nach Griechenland gebracht und dort angepflanzt.

Seine Ursprünge hatte der Olivenbaum im östlichen Mittelmeerraum. Von dort aus wurde er in alle Länder rund um das Mittelmeer verbreitet. Diese bieten dem Olivenbaum allesamt ein optimales Klima.

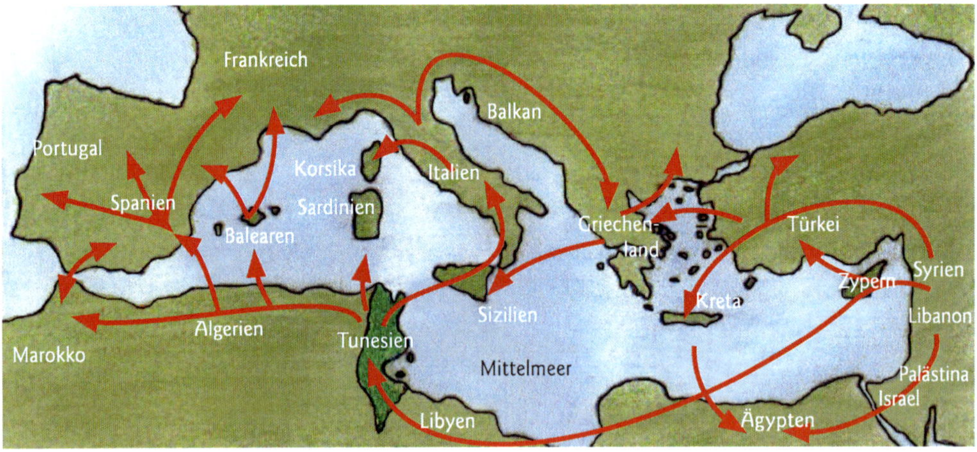

Ab dem 16. Jahrhundert v. Chr. verbreiteten die Phönizier den Olivenbaum über die griechischen Inseln, und zwischen dem 14. und 12. Jahrhundert v. Chr. über die hellenische Halbinsel, wo sein Anbau immer wichtiger wurde. Doch der Anbau von Olivenbäumen ist eine langwierige Arbeit und die landwirtschaftlichen Techniken waren damals noch primitiv, sodass die Olivenproduktion lange nicht der Nachfrage in Griechenland genügte. Aus diesem Grund erließ Solon im 4. Jahrhundert v. Chr. ein Dekret, das den Anbau der Olivenbäume regelte und denjenigen hart bestrafte, der Olivenbäume rodete. Sicher waren aus dem gleichen Grund Oliven und Olivenöl – rar und teuer – nur den Privilegierten vorbehalten.

Die Ägypter nutzten das Olivenöl und das Olivenblatt, um ihre Könige zu mumifizieren. Man hat 3000 Jahre alte Mumien gefunden, die mit Olivenöl einbalsamiert und mit Olivenzweigen umgeben worden waren. In den Grabkammern der Pharaonen befanden sich goldene Schnitzereien mit Olivenmotiven. Eingelegte Oliven wurden als Nahrung für das Leben nach dem Tod bereitgestellt. Aber erst seit 1500 v. Chr. gab es in Ägypten erwähnenswert große, künstlich angelegte Olivenhaine. Bis dahin musste das kostbare und im täglichen Leben unverzichtbar gewordene Olivenöl aus Phönizien (dem heutigen Libanon), von Kreta, Zypern und aus Palästina importiert werden. Isis, die populärste Göttin der ägyptischen Mythologie, Göttin der Fruchtbarkeit und der Mutterschaft, galt im alten Ägypten als die Beschützerin des Ölbaumes.

Die Nordafrikaner auf dem Territorium des heutigen Tunesien brachten nach dem 3. Punischen Krieg (149 bis 146 v. Chr.) ihr Wissen, die Sortenvielfalt und ihre Presstechnik nach Südspanien. Von dort aus wurde die Kultivierung des Olivenbaums über die gesamte spanische Halbinsel vorangetrieben. Der spätere arabische Einfluss aus Tunesien war in Spanien so groß, dass sogar die spanischen Wörter für Olive (*aceituna*), Öl (*aceite*), Ölmühle (*almazara*) und für den wilden Olivenbaum (*acebuche*) arabische Wurzeln haben. Über Sizilien gelangten die Fertigkeiten der Nordafrikaner auch zum italienischen Festland.

Ausgrabungen in Sbeitla (röm. *Sufeitula*) und El-Jem (röm. *Thysdrus*) sowie römische Mosaike, die in Sousse gefunden wurden, sind stille Zeugen der weitverbreiteten Kultivierung von Olivenbäumen innerhalb Tunesiens in dieser Zeit. Das Bild zeigt ein römisches Mosaik von der Olivenernte, das im heutigen Sousse gefunden wurde.

Als die Römer schließlich nach TUNESIEN kamen, fanden sie eine blühende Olivenlandschaft vor, in der die Veredelung von Olivenbäumen eine sehr geläufige Praktik war. Zu dieser Zeit kultivierten die Tunesier den Olivenbaum bereits innerhalb ihres gesamten Territoriums. Sogar um die Verstorbenen zu ehren, wurden Olivenbäume angepflanzt.

Nach dem Niedergang Karthagos zum Ende der Punischen Kriege begann der Ölexport aus dem heutigen TUNESIEN (röm. *Africa*) ins Römische Reich. Die Römer bedeckten die tunesische Insel Djerba mit neuen Olivenhainen und bauten einen bis heute existierenden und noch immer befahrbaren Brückendamm zum Festland. Auch auf dem Festland wurden über eine Länge von 500 Kilometer vom Golf von Tunis bis hinab nach Djerba systematisch neue Olivenhaine angelegt und kultiviert. Mit diesem Olivenölhandel erwirtschafteten die Kolonialherren Reichtümer, die sie in Villen aus Marmor, prächtige Bäder und herrliche Gärten steckten. Für alle im Sahel-Bezirk lebenden und in der damaligen »Ölindustrie« Beschäftigten wurde das auffallend große Amphitheater von El-Jem errichtet.

Das Olivenöl aus TUNESIEN hatte im Altertum nicht nur eine wirtschaftliche, sondern fast noch mehr eine soziale Bedeutung. Es war für die Römer wichtiges Nahrungsmittel, wurde zur Körperpflege benutzt, war Grundstoff für die Parfümherstellung und Brennstoff für die Öllampen. Im 2. und 3. Jahrhundert war das tunesische Olivenöl eine überlegene Konkurrenz für die heimische italienische Produktion. Eine tunesische Ölindustrie mit immer verfeinerten Pressmethoden entstand. Aus dem Hadrumeter Hafen (heutiges Sousse) segelten die speziell für den Amphorentransport konstruierten Schiffe mit ihren typischen Viereckssegeln nach Ostia (Italien). Im Schiffsbauch lagerten nebeneinander auf dem spitzen Unterteil stehend Amphoren, zehntausend Stück zu je 25 Kilogramm, also 250 Tonnen Nutzlast pro Schiff. In diesen Tagen entstanden Strukturen, Handelswege und Beziehungen, die noch bis heute bestehen!

Während in Südeuropa viele kleinere Ölpressen entstanden, wurde in TUNESIEN die »Mechanisierung« des Pressvorgangs weiter verfeinert. Infolgedessen wurden weniger, aber dafür umso größere

Im Gelände von Ksar-Ezzit, dem »Ölschloss«, wurden dieser und ähnliche Steinblöcke gefunden, die zum Bau einer römischen Ölpresse verwendet wurden.

Nachbildung einer römischen Ölpresse unter der Berücksichtigung in TUNESIEN gefundener Steinblöcke, die maßgeblich an der Konstruktion beteiligt waren.

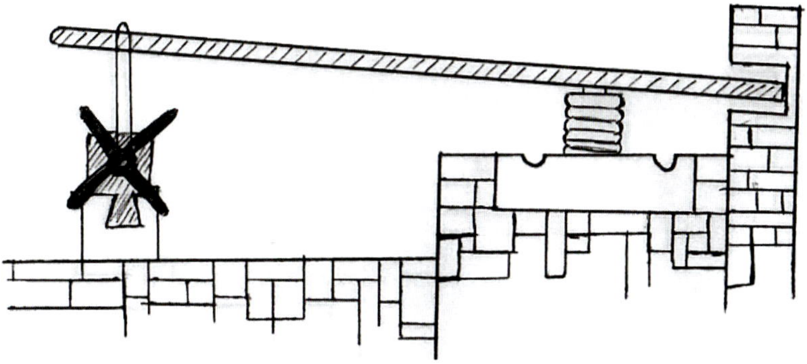

Ölpressen mit einer für damalige Zeiten unvorstellbar großen Produktionsmenge von 5000 bis 15 000 Kilogramm Olivenöl pro Saison gebaut.

Die Römer kultivierten den Olivenbaum in allen ihren Territorien und verbreiteten ihn auf diese Weise rund um das gesamte Mittelmeer. Er war für sie von unschätzbarem Wert. Nannten die Griechen das Olivenöl »flüssiges Gold«, dann wegen seines mannigfachen Nutzens und nicht wegen seines ökonomischen Wertes. In der römischen Zivilisation änderte sich die Bedeutung dieses Begriffes, denn der Olivenölhandel wurde neben dem Handel mit Gold und mit Gewürzen einer der ersten Wirtschaftszweige. So erfolgreich war der Handel mit Olivenöl, dass in einigen Provinzen die Besitzer von Olivenhainen sogar vom Militärdienst befreit waren. In Rom existierte eine spezielle Börse und Handelsmarine für Olivenöl. In welchem Umfang Schiffsladungen mit der hoch geschätzten Ware nach Rom gebracht wurden, davon zeugt heute der Testaccia-Hügel in der Nähe der südlich von Rom gelegenen antiken Hafenstadt Ostia. Er besteht nur aus den Scherben von 40 Millionen zerbrochenen Ölamphoren. Hier wurden auch zahlreiche zerbrochene Ölamphoren gefunden, die mit »Hadrumet«, dem römischen Namen von Sousse, gestempelt waren.

Ölamphoren in Ostia, Italien

Solche Ölamphoren aus Ton oder Keramik finden in TUNESIEN auch heute noch häufig Verwendung, um größere Mengen Olivenöl im Haushalt aufzubewahren.

Die Römer aßen, genau wie wir heute auch, Oliven als Vorspeise und unterstellten ihnen gar eine aphrodisierende Wirkung. Bei Ausgrabungen in den Ruinen von Pompeji wurden noch Töpfe mit eingemachten Oliven gefunden. Olivenöl und Oliven waren tägliches Nahrungsmittel sowohl der reichen als auch der armen Römer. Beides war in jener Zeit in drei verschiedene Kategorien unterteilt: Die grünen, frischen Oliven und ihr Öl waren der Elite vorbehalten. Die schwarzen Oliven bzw. das Öl von ihnen waren für das gemeine Volk bestimmt. Die Sklaven mussten sich mit dem schlechten, dem Lampantöl, und mit den minderwertigen Oliven begnügen. Sowohl große Feldherren als auch siegreiche Gladiatoren wurden mit Olivenzweigen geehrt.

Auch die Griechen verehrten diesen immergrünen, silbrig schimmernden Baum, und er war ihnen heilig. Bei den antiken Olympischen Spielen wurden die Sieger mit einem Kranz aus Olivenzweigen geschmückt und erhielten dazu eine kostbare Amphore mit bestem nativem Olivenöl. Die Athleten rieben sich auch mit Olivenöl ein, um ihre Muskeln warm und geschmeidig zu machen. Sie nahmen dazu so viel Öl, dass sie eigens einen »Striegel« erfanden, um die überschüssige Menge wieder von der Haut abzustreichen. Und nicht nur das! Homer berichtet, dass die olympischen Wettkämpfer zur Vorbereitung auf die Spiele eine besondere Diät bekamen, die vor allem aus Speisen bestand, die mit nativem Olivenöl zubereitet waren. Die Schriften des Aristophanes geben Aufschluss über die altgriechische Küche. Ob Gemüse- oder Fleischgerichte, Kuchen oder andere Süßspeisen, alles wurde mit nativem Olivenöl gekocht oder gebraten.

Für die Olympischen Spiele in Athen im Jahre 2004 wurde der Kranz aus Olivenzweigen als offizielles Emblem ausgewählt. Die Veranstalter dieser modernen Olympischen Sommerspiele ließen alte Traditionen rund um den heiligen Ölbaum wiederauferstehen. Nach so vielen Jahren wurden die Sieger der Wettkämpfe wieder mit einem Kranz aus Olivenzweigen geschmückt. Bei der Eröffnungsfeier dieser Olympischen Spiele nahm der Ölbaum eine zentrale Stelle

Die olympischen Athleten benutzten in der Antike »Striegel« zum Abstreifen des überschüssigen Olivenöls. Auch die Römer kannten den »Striegel«. Beim Bad in den Thermen waren die *ampulla olearia* (Ölfläschchen) und die *strigilis*, das Schabeisen gegen Staub und Schweiß, unverzichtbar.

Die Olympischen Sommerspiele in Athen standen ganz im Zeichen der Olive.

ein und große Reden wurden unter ihm gehalten. Die Form der Fackel war der Form eines Olivenblattes nachempfunden, und bis heute wird das Feuer für den olympischen Fackellauf am ursprünglichen Ort der antiken Olympischen Spiele mit Olivenöl entzündet.

Durch die vielen Kriege und Invasionen, die TUNESIEN über die Jahrhunderte hinweg heimsuchten, wurden die alten Olivenbaumbestände im Land merklich reduziert und ganze Plantagen zerstört. Als die Franzosen TUNESIEN 1881 in Besitz nahmen, gab es nur noch rund eine Million Olivenbäume. Die Franzosen ließen die Landwirtschaft aber wieder aufblühen, denn mit Wein, Weizen und Oliven ließen sich gute Geschäfte machen. Alte Olivenbäume wurden durch junge ersetzt sowie neue Plantagen angelegt. Als TUNESIEN 1956 seine Unabhängigkeit erkämpfte, gab es im Land schon wieder 26 Millionen Bäume.

Bourguiba, der erste Präsident des unabhängigen TUNESIEN, war ein vorausschauender Visionär, der dem Land zum wirtschaftlichen Aufschwung verhelfen wollte. Nicht außergewöhnlich reich an Bodenschätzen und auf dem Weinsektor wegen der starken europäischen Konkurrenz chancenlos, sah er als Handelsgut der Zukunft nur das Olivenöl. Er legte Olivenhaine an und regte die Bürger TUNESIENS an, es ihm gleichzutun. Innerhalb von 30 Jahren wurde der Olivenbaumbestand auf 55 Millionen mehr als verdoppelt. Auch sein Nachfolger, Präsident Ben Ali, treibt die Aufforstung kontinuierlich an und es entstehen fast täglich neue Olivenhaine. Jeder, der Olivenbäume pflanzen möchte, kann sich heute der Hilfe und Unterstützung der tunesischen Regierung sicher sein.

»Bio-Oasen« sind ganz bezeichnend für biologische Olivenhaine. In diesen unangetasteten Biotopen entsteht ein natürliches Gleichgewicht zwischen nützlichen und schädlichen Insekten.

Seit der Export tunesischen Olivenöls privatisiert wurde und es sich nun auch auszahlt, privates Engagement zu zeigen und Zeit und Geld in diesen Wirtschaftszweig zu investieren, kann man immer öfter beobachten, wie neue, experimentelle Olivenkulturen entstehen. Landesfremde Olivensorten wie die griechische Koroneiki werden nach TUNESIEN geholt und versuchsweise angebaut. Aktuell existieren darüber hinaus 2000 Hektar Olivenkulturen, die nach dem industrialisierten spanischen Muster »hyperintensiv« bewirtschaftet werden. Hier werden die Olivenbäume sehr eng nebeneinander gepflanzt und so beschnitten, dass sie unnatürlich niedrig wachsen. Dies ermöglicht ein leichteres Ernten, beispielsweise mit vollautomatischen Erntemaschinen. Um jedoch bei solchen Anpflanzungen eine konstante Ernteleistung hervorbringen zu können, müssen diese Olivenbäume neben einer kontinuierlichen Bewässerung auch mit verschiedenen Pflanzenschutzmitteln und Wachstumsförderern versorgt werden. Diesen Plantagen stehen allerdings immer mehr biologische Olivenhaine gegenüber, die nach den strengen Vorgaben von *Ecocert* produzieren und die von den zuständigen Kontrollstellen regelmäßig überwacht werden.

In TUNESIEN ist also eine abwechslungsreiche Olivenlandschaft entstanden, in der verschiedene Anbauformen nebeneinander existieren, um den ebenfalls verschiedenen Bedürfnissen des Marktes gerecht zu werden.

Das »grüne TUNESIEN«, so wird das Land wohl auch wegen seiner 65 Millionen immergrünen Olivenbäume genannt. TUNESIENS an Mineralstoffen reiche Erde ist in Verbindung mit dem heißen Klima und der besonderen geografischen Lage optimal für den Olivenbaum geeignet. Dessen Früchte sind für TUNESIEN sozioökonomisch sehr bedeutend und sie stellen einen gewichtigen Wirtschaftszweig dar. Im Kapitel »Daten und Fakten« wird darauf detailliert eingegangen. Ölbaum, Olivenöl und Oliven sind aus dem gesamten alltäglichen Leben einfach nicht mehr wegzudenken.

Sicher setzte die tunesische Regierung aus diesem Grund früher wie heute dem Olivenbaum immer wieder ein besonderes Denkmal: Der tunesische 30 Dinar-Schein beispielsweise ist mit Olivenzweigen verziert, genau wie die 5-Dinar-Münze und auch das 5-Millimes-Stück, das zusätzlich auf der Rückseite einen Olivenbaum in voller Pracht zeigt. Die Rückseite der 1-Dinar-Münze schmückt eine Olivenpflückerin in traditioneller Berberkleidung.

Der Name der ältesten islamischen Universität und Moschee Tunesiens in der Hauptstadt Tunis, die schon im 7. Jahrhundert als bescheidenes Gotteshaus erwähnt wurde, lautet *Ez-Zitouna* (der Ölbaum), so benannt nach einem einst dort stehenden legendären heiligen Ölbaum.

Die Olive verließ erst sehr viel später den Mittelmeerraum. Mit der Entdeckung Amerikas im Jahr 1492 erreichten die ersten Olivenbäume vom spanischen Sevilla kommend die Antillen. Von dort aus gelangten sie auf das amerikanische Festland. 1560 wurde der Olivenbaum in Mexiko kultiviert, dann in Peru, in Kalifornien und in Chile. Der erste Olivenbaum Argentiniens wurde in der Stadt »Arauco« gepflanzt. Bis heute trägt die dort entstandene neue Olivenvarietät ihren Namen.

In jüngster Zeit verließ der Olivenbaum noch einmal den mediterranen Raum: Er findet sich heute in Ländern mit einem ähnlichen Klima wie dem am Mittelmeer. An sich ist er ein sehr robuster Baum, dem wenig schaden kann. Inzwischen werden Zierolivenbäumchen sogar in Mittel- und Nordeuropa in Kübeln in den Garten gestellt. Doch um ausreichend Früchte zu tragen, braucht der Olivenbaum im Sommer viel Sonne, im Frühling und im Herbst ausreichend starken Regen und im Winter sowohl Sonnentage als auch winterliche Kälte. Jedoch verträgt er keine großen Temperaturschwankungen und nur wenige Tage knapp unter null Grad Celsius. Unter diesen Voraussetzungen wurde es möglich, den Olivenbaum heute in Südafrika, in Australien, ja sogar in Japan und in China zu kultivieren!

In den beiden unterlegten Klimazonen kann der Olivenbaum aufgrund ähnlicher klimatischer Verhältnisse wirtschaftlich erfolgreich angebaut werden. Fast 99 % der Olivenbäume wachsen jedoch immer noch in seiner Ursprungsregion rund um das Mittelmeer.

Viele berühmte Künstler, darunter Pierre Auguste Renoir, Pablo Picasso und Vincent van Gogh, wurden durch den Olivenbaum inspiriert und setzten diesem pittoresken Gewächs in ihren Kunstwerken ein ewiges Denkmal. Letzterer malte in der Zeit von Juni bis Dezember 1889 nicht weniger als 15 Gemälde mit Olivenbäumen als zentrales Thema, inspiriert durch die Olivenhaine in Saint-Rémy. Unzählige wundervolle Gedichte und Texte medizinischer und religiöser Art entstanden im Laufe der Jahrhunderte über den Olivenbaum.

Griechische Mythologie, Bibel und Koran

In der griechischen Mythologie suchte Zeus unter den Göttern nach einem Herrscher für Attika. Er ließ sich einen Wettbewerb einfallen und es sollte der gewinnen, der den Menschen das wertvollere Geschenk machte. Poseidon brachte für diesen Wettbewerb ein Pferd hervor, das weite Strecken überwinden und Kriege gewinnen half und das dazu diente, schwere Lasten zu schleppen. Athene pflanzte den Menschen einen jungen Olivenbaum und schenkte ihnen damit lebenswichtige Nahrung und Öl, das für die Lampen und als Arzneimittel, als Salböl für sakrale Zwecke und Duftöl zur Schönheitspflege verwendet werden konnte, und gewann auf diese Weise den Wettstreit. Und so kam es, dass die schönste Stadt der Antike nach Athene benannt wurde. Die Statue von Zeus auf dem Olymp war mit einem Kranz aus Olivenzweigen geschmückt, der den Ruhm und die Herrlichkeit des allerhöchsten griechischen Gottes symbolisieren sollte. In der griechisch-römischen Mythologie wird die Geschichte von Minerva erzählt, die mit ihrem Schwert auf den Boden schlug. Daraufhin wuchs an dieser Stelle ein Olivenbaum, der Minerva dazu bewegte, ihre Kriegswerkzeuge gegen den Olivenzweig des Friedens einzutauschen.

Der Ölzweig ziert auch das Emblem der Vereinten Nationen.

Wir alle kennen die religiösen Erzählungen über Noah, der eine Taube aussandte, um herauszufinden, ob wieder Leben auf die Erde zurückgekehrt wäre. Diese Taube brachte ihm einen Ölzweig als Zeichen neuen Lebens. Bis heute ist die Taube mit dem Ölzweig im Schnabel ein Symbol des Friedens. Die Vereinten Nationen wählten den Olivenzweig als Symbol ihrer Frieden bringenden Bemühungen und Missionen.

Die Bibel nimmt in ihren beiden Testamenten nicht weniger als 140 Mal Bezug auf das Olivenöl und fast 100 Mal auf den Olivenbaum. Auch im Koran werden der Olivenbaum und sein Öl unzählige Male erwähnt. In der *Surat an-Nur*, dem »Koranvers vom Lichte«, wird am schönsten auf den Olivenbaum verwiesen. So heißt es: »Allah ist das Licht des Himmels und der Erde. Sein Licht gleicht dem in einer Nische in einer Mauer, in welcher eine Lampe und die Lampe in einem Glas ist. Das Glas scheint dann wie ein leuchtender Stern. Es wird erhellt vom Öl des gesegneten Baumes, eines Olivenbaumes, der weder im Osten noch im Westen wächst, dessen Öl fast ohne Berührung des Feuers Licht gibt und dessen Licht über allem Lichte steht.« In einem Kommentar zum Koran erklärt der islamische Gelehrte und anerkannte Koranübersetzer Abdullah Yusuf Ali: »Reines Olivenöl ist beinahe wie Licht; man kann es schon dafür halten, noch ehe es in der Lampe entzündet wird. So ist die spirituelle Wahrheit; unmerklich erleuchtet sie den Geist und das Verstehen, noch ehe des Menschen Sinn oder Herz davon Kenntnis genommen hat.«

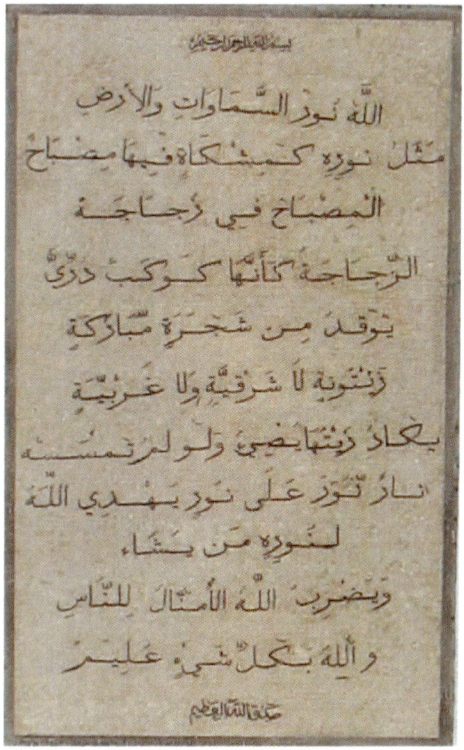

Im »Koranvers vom Lichte« wird besonders schön auf den Olivenbaum verwiesen.

Aus den überlieferten Erzählungen des Islam stammt unter anderem: »Benutze Olivenöl, um dich damit einzureiben, denn es ist von einem gesegneten Baum.« Außerdem wird überliefert, dass der Prophet Mohammed gewöhnlich Olivenöl und Safran in Fällen von Brustfellentzündungen empfahl und er zu sagen pflegte, Oliven seien die Medizin der Armen.

In den drei großen Weltreligionen Islam, Christentum und Judentum steht die Olive als Symbol für Weisheit, Fruchtbarkeit und Frieden. Leider ist der Olivenbaum aber auch zu einem Repressionsmittel in einem langen politischen Konflikt geworden. Auf palästinensischen Widerstand antworten die Israelis mit schrecklicher, unverständlicher Logik. Werden aus der Deckung eines Olivenbaums Steine geworfen, so kommen gleich die Bulldozer. Uralte Olivenhaine sind so gerodet und zerstört worden, was die betroffenen Familien über Generationen schädigt und bestraft. Denn ganz abgesehen von dem ökono-

Egal, ob in der Ebene oder im hügeligen Gelände: Die typischen Reihen der Olivenbäume sind überall zu erkennen.

mischen Schaden erfüllen diese Haine auch einen ökologischen Zweck. Der Olivenbaum ist nämlich nicht nur für die Erhaltung der Böden unentbehrlich, er ermöglicht außerdem auch die Nutzung von Land, das keine andere Bepflanzung zulässt. Wie jeder andere Baum auch leistet der Olivenbaum seinen Beitrag zum Schutz der Natur, indem er mit seinen Wurzeln das Grundwasser hält, Erosion verhindert, die Bodenfruchtbarkeit erhält und die Luft reinigt. Es ist unverantwortlich, in der heutigen Zeit solche ökologisch unverzeihlichen und schwer wiedergutzumachenden Aktionen unter den Augen der schweigenden Weltöffentlichkeit durchzuführen.

Wo Chaos und Krieg herrschen, da gedeihen keine Oliven!

Daten und Fakten

Das Olivenöl entstammt der Mittelmeerregion und dort wird auch bis heute die bei Weitem größte Menge produziert. Die Mitgliedsländer der Europäischen Union, im Besonderen Spanien, Italien, Griechenland und Portugal, produzierten in der Saison 2005/2006 etwa 75 Prozent des weltweit hergestellten Olivenöls. TUNESIEN folgte der Europäischen Union mit einem durchschnittlichen Anteil an der Weltproduktion von 8,5 Prozent für den gleichen Zeitraum.

Olivenölproduktion in der Saison 2005/2006 in 1000 Tonnen sowie prozentualer Anteil an der weltweiten Olivenölproduktion

Algerien	36,0	1,4 %	
Argentinien	24,0		
Australien	9,0		
Europäische Union	1946,0	74,9 %	
Iran	4,5		
Israel	3,0		
Jordanien	22,0	0,8 %	
Kroatien	5,0		
Libanon	5,5		
Libyen	9,0		
Marokko	75,0	2,9 %	
Palästina	10,0		
Syrien	100,0	3,8 %	
TUNESIEN	220,0	8,5 %	
Türkei	115,0	4,4 %	
Vereinigte Staaten von Amerika	1,5	0,1 %	
Andere	13,5		
Gesamt	2599,0	100 %	

Quelle: COI

Die folgende Übersicht zeigt die Produktion der EU und nachfolgender Olivenöl produzierender Länder im Jahresvergleich:

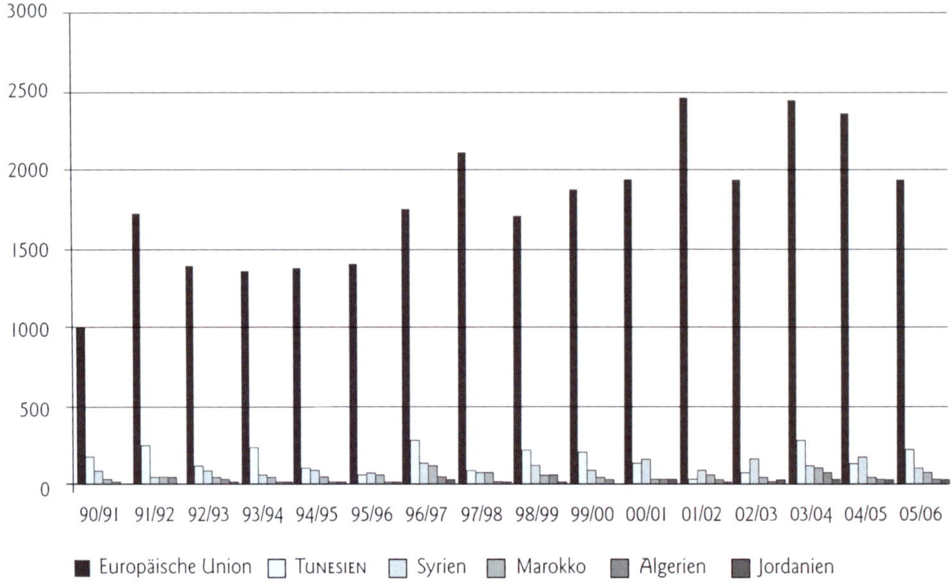

Vor allem aufgrund der Imageverbesserung des nativen Olivenöls, dessen positive Auswirkungen auf unsere Gesundheit jetzt in aller Munde sind, steigerte sich während der letzten 20 Jahre der Verbrauch immens. Während zwischen den Jahren 1979/80 und 1981/82 weltweit durchschnittlich 1 589 000 Tonnen Olivenöl jährlich konsumiert wurden, stieg der durchschnittliche Jahresverbrauch im Zeitraum zwischen 2000/01 und 2005/06 um 70 Prozent auf mehr als 2 724 300 Tonnen.

Um diesen Anforderungen des Marktes gerecht zu werden, steigerte sich gleichzeitig auch weltweit die Produktion von Olivenöl um 80 Prozent von 1 530 000 Tonnen zwischen den Jahren 1979/80 und 1981/82 auf eine durchschnittliche Produktion in Höhe von 2 778 800 Tonnen zwischen 2000/01 und 2005/06.

Olivenbaumkulturen weltweit

Land	Fläche in ha	
Afrika		
Tunesien	1 680 000	
Marokko	600 000	
Algerien	240 107	
Libyen	120 000	
Ägypten	58 000	
Südafrika	4 200	
Angola	400	
Amerika		
Argentinien	100 000	
Vereinigte Staaten von Amerika	15 800	
Mexiko	15 500	
Chile	7 500	
Peru	5 605	
Uruguay	1 935	
Brasilien	840	
Asien		
Türkei	700 000	
Syrien	530 000	
Jordanien	122 000	
Palästina	91 000	
Iran	80 000	
Libanon	43 000	
Israel	21 500	
Zypern	11 250	
Irak	10 000	
China	660	
Europa		
Spanien	2 479 000	
Italien	1 200 000	
Griechenland	1 125 000	
Portugal	340 000	
Frankreich	46 697	
Albanien	45 000	
Kroatien	25 800	
Slowenien	1 500	
Malta	340	
Ozeanien		
Australien	25 000	
Neuseeland	2 600	
Andere	4 000	
Total	9 754 234	
Mittelmeerregion insgesamt	9 480 194	97,2 %
Quelle: COI		

Dies wurde einerseits durch eine Vergrößerung der mit Olivenbäumen bepflanzten Agrarflächen von 8,8 Millionen Hektar im Jahr 1995 auf die aktuelle Zahl von fast 10 Millionen Hektar erreicht. Außerdem wurden durch immer weiter entwickelte Agrartechniken und durch die Züchtung neuer Olivenbaumvarietäten erhebliche Steigerungen in der Produktion möglich. Doch trotz aller Bemühungen ist die Olivenernte weiterhin stark abhängig von den Klimaverhältnissen und den Regenfällen der jeweiligen Saison.

Der Anbau und die Kultivierung von Olivenbäumen nehmen in TUNESIEN sowohl sozioökonomisch als auch im ökologischen Bereich einen wichtigen Platz ein. Mehr als 65 Millionen Ölbäume bedecken etwa 30 Prozent der landwirtschaftlich genutzten Flächen, das entspricht knapp 1,7 Millionen Hektar. Nach Spanien besitzt TUNESIEN somit die flächenmäßig größten Olivenbaumkulturen. Fast 18 Prozent der mit Olivenbäumen bepflanzten Agrarflächen weltweit liegen in TUNESIEN. Insgesamt befinden sich 97,2 Prozent der Olivenbaumareale in den an das Mittelmeer angrenzenden Ländern. In der Saison 2005/06 stellten diese Länder 98 Prozent des weltweit produzierten Olivenöls her.

TUNESIEN nimmt bezüglich der mit Olivenbäumen bepflanzten Flächen den zweiten Platz auf der Welt ein und die vierte Stelle bei der Anzahl der Olivenbäume! Außerdem ist TUNESIEN der zweitgrößte Olivenölproduzent und -exporteur weltweit nach der Europäischen Union!

Der globale Anstieg beim Verbrauch von Olivenöl und folglich auch bei der Olivenölproduktion lässt sich gewiss auf eine Änderung des Gesundheitsbewusstseins der Verbraucher zurückführen, die in Europa unter anderem auch durch die Werbe- und Aufklärungskampagnen der Europäischen Union herbeigeführt und verstärkt worden ist.

Schon vor einigen Jahren verabschiedete eine Expertengruppe ein Konsenspapier als Empfehlung der Europäischen Union, in dem festgehalten wurde: »Die wissenschaftliche Beweisführung ist ausreichend, um Kampagnen zu rechtfertigen, welche Politikern, Regierungen, Gesundheitsämtern, Ärzten, Gesundheitserziehern, Medien, Ernährungsspezialisten, Lebensmittellieferanten und -produzenten, Schulen und der Öffentlichkeit nahelegen, dass Olivenöl und die Prinzipien der mediterranen Ernährung von großem Nutzen sind für die Ernährung in den europäischen Ländern.« Diese Erklärung wird durch die unzähligen Ergebnisse aus der medizinischen Forschung begründet, die ganz eindeutig die gesundheitlichen Vorteile einer Ernährung mit nativem Olivenöl als primärem Fettlieferanten erklären und beweisen. Hierbei wird insbesondere die sogenannte mediterrane Ernährung immer wieder erwähnt.

Weltweite Entwicklung des Olivenölverbrauchs in den Jahren 1996–2006

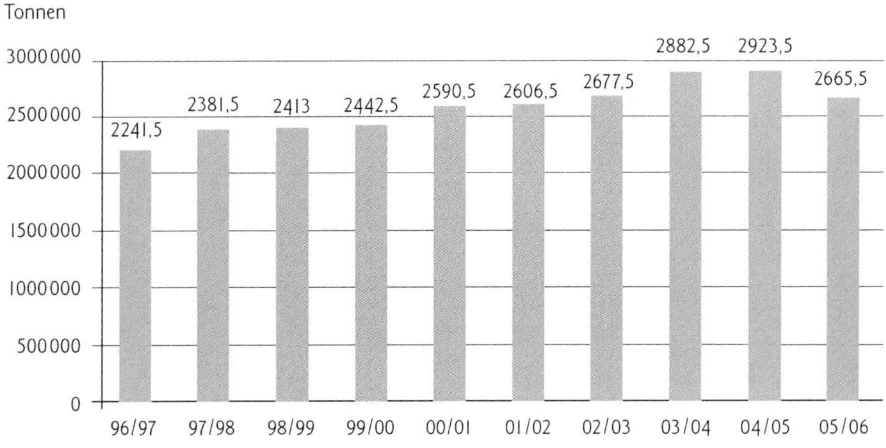

Quelle: COI

Die Mittelmeerländer sind nicht nur die größten Produzenten von Olivenöl, sondern hier werden auch über 80 Prozent des weltweit erzeugten Olivenöls verzehrt.

Europa führt die Liste der Konsumenten mit 71 Prozent des weltweiten Verbrauches an, das sind umgerechnet mehr als 1,9 Millionen Tonnen. 84 Prozent hiervon werden allein in den drei Olivenöl erzeugenden Ländern Italien (40,3 %), Spanien (29,9 %) und Griechenland (13,8 %) konsumiert. Aber auch die Länder, die nicht traditionell mit dem Olivenöl verbunden sind, steigern stetig ihren Verbrauch. So verbraucht Frankreich 4,9 Prozent des in Europa konsumierten Olivenöls, Großbritannien 2,5 Prozent und Deutschland 2,1 Prozent.

Amerika konsumiert durchschnittlich knapp 270 000 Tonnen Olivenöl pro Jahr, das entspricht etwa zehn Prozent des weltweiten Verbrauchs. Von dieser Menge werden in den USA fast 75 Prozent verbraucht, gefolgt von Kanada, Brasilien und Mexiko.

Ebenfalls rund zehn Prozent des weltweit verbrauchten Olivenöls werden in Asien inklusive dem Mittleren Osten konsumiert. Hier sind Syrien (43,2 %) und die Türkei (20,5 %) mit zusammen 64 Prozent und Japan mit 11 Prozent des durchschnittlichen Verbrauchs dieser Region hervorzuheben.

In Afrika werden etwa 150 000 Tonnen Olivenöl verzehrt, das entspricht durchschnittlich 5,5 Prozent des weltweiten Konsums. 88 Prozent davon werden primär in Nordafrika verbraucht, insbesondere in TUNESIEN, Marokko und Algerien.

Die vier Länder mit dem größten Olivenölverbrauch pro Jahr im weltweiten Vergleich sind Italien mit 29,2 Prozent, gefolgt von Spanien mit 21,6 Prozent, Griechenland mit zehn Prozent und die USA mit nicht weniger als acht Prozent.

Verbrauch weltweit im Jahr 2005/2006 (in 1000 Tonnen)

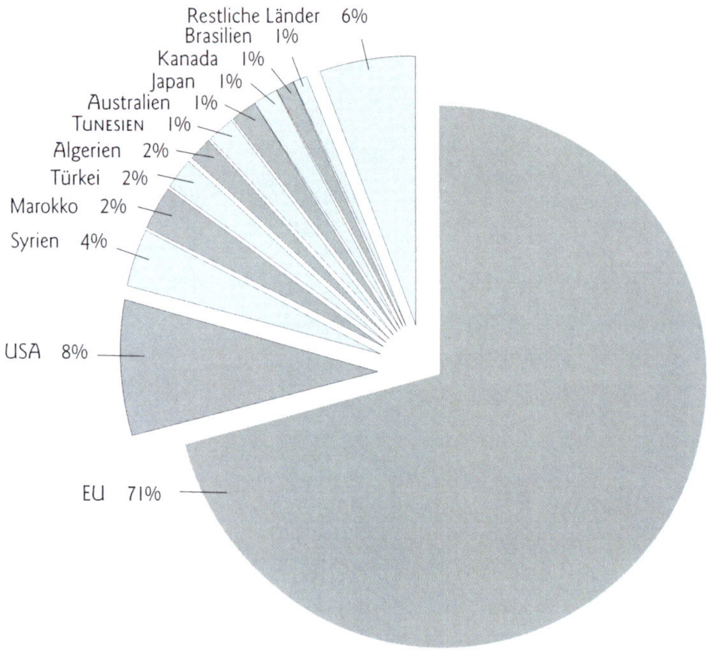

Quelle: COI

EU	1885,0	Tunesien	38,0	Palästina	10,0
USA	215,0	Australien	34,5	Libyen	9,0
Syrien	94,0	Japan	30,0	Iran	6,5
Marokko	55,0	Kanada	26,0	Argentinien	5,5
Türkei	50,0	Brasilien	26,0	Kroatien	5,0
Algerien	41,5	Israel	17,0	Andere Länder	117,5

Aufgrund der sich weiter verstärkenden Nachfrage nach qualitativ hochwertigem nativem Olivenöl werden bei Neuanpflanzungen die anfallenden Investitionskosten für Jungpflanzen oder für die Installation von Bewässerungssystemen in vielen Ländern subventioniert. Forschungen zur Weiter- und Neuentwicklung von Olivensorten und zur Verbesserung von Agrartechniken werden finanziell unterstützt. Tunesien ist hier besonders hervorzuheben, das ein gezieltes Förderungsprogramm, die »Stratégie de développement d'oléiculture pour la periode 1988–2010«, entwickelt hat und konsequent darum wirbt, neue Olivenhaine anzupflanzen. Deshalb ist zu erwarten, dass TUNESIEN seine Möglichkeiten weiterhin gut nutzen und seinen Platz in einem sich immer wieder neu definierenden Weltmarkt behaupten wird. Nichtsdestotrotz ist dies ein schwieriges Unterfangen, denn zum Gelingen dieser Programme sind große finanzielle Mittel, Material und die geeigneten modernen Techniken sowie modernstes Know-how nötig. Es ist heutzutage beispielsweise möglich, durch die Züchtung neuer Olivensorten, durch neue Anbautechniken und durch eine regelmäßige künstliche Bewässerung die Zeitspanne zwischen dem Anpflanzen eines Olivenbaumes und der ersten sich rechnenden Olivenernte auf weniger als 5 Jahre zu verringern. Außerdem kann man durch immer engere Baumabstände den Ertrag pro Hektar erheblich steigern.

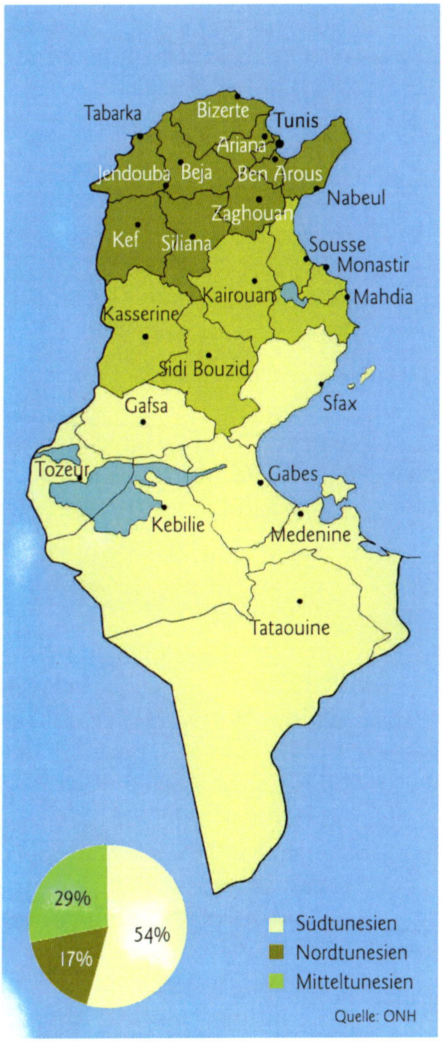

Etwa 270 000 landwirtschaftliche Arbeiter sind in TUNESIEN in der Oliven- und Olivenölproduktion beschäftigt. Das sind mehr als die Hälfte (57 %) aller in der Landwirtschaft beschäftigten Menschen. Darüber hinaus sichert der Olivenbaum das Einkommen von mehr als einer Million Tunesiern, die saisonal in der Olivenindustrie beschäftigt sind. Insgesamt bietet dieser Arbeitsmarkt Arbeit für etwa 34 Millionen Tage im Jahr.

Mehr als die Hälfte, nämlich 54 Prozent der Oliven werden im Süden TUNESIENS produziert, gefolgt von Mitteltunesien mit etwa 29 Prozent und dem Norden mit 17 Prozent.

30 Prozent des tunesischen Olivenöls sind *natives Olivenöl extra!*

Wegen der starken Abhängigkeit vom Klima und der Eigenart der Olivenbäume, nur jedes zweite Jahr Früchte zu bilden, kommt es bei der Olivenproduktion zu mehr oder minder großen Schwankungen. Gemäß den Produktions- und Exportzahlen der Jahre 2000/01 bis 2005/06 werden in TUNESIEN im Schnitt 144 500 Tonnen Olivenöl jährlich produziert. Wegen einer langen Trockenperiode, die TUNESIEN während drei aufeinanderfolgender Jahre heimsuchte, konnten in der Saison 2001/02 aber nur 35 000 Tonnen und in der Saison 2002/03 72 000 Tonnen Olivenöl produziert werden. In der folgenden Saison 2003/04 erreichte die Produktion dann allerdings die historische Rekordmarke von 280 000 Tonnen. Etwa 70 Prozent des jährlich produzierten Olivenöls, durchschnittlich 97 300 Tonnen, werden exportiert und nur etwa 47 200 Tonnen verbleiben zum eigenen Verzehr in TUNESIEN. Mit 17,8 Prozent des weltweiten Exportes nimmt TUNESIEN nach der Europäischen Union den zweiten Platz ein.

Vergleich der Produktion und des Exports von Olivenöl in TUNESIEN

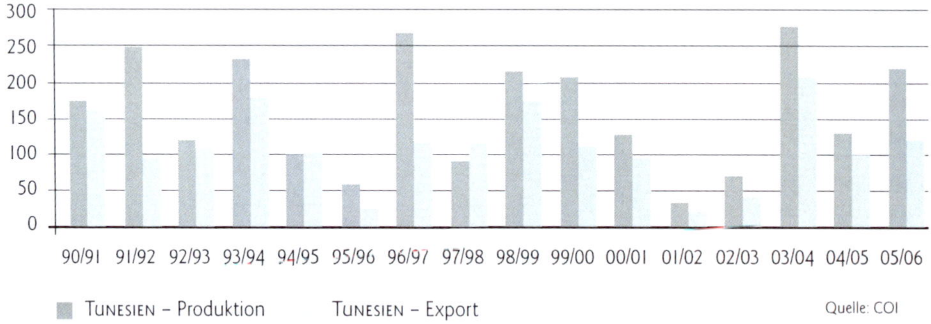

Quelle: COI

Das von TUNESIEN exportierte Olivenöl wird zu 97 Prozent an Großabnehmer geliefert und in Containern, Flexitanks oder Fässern auf die Reise geschickt. Bislang werden nur drei Prozent des exportierten Olivenöls bereits im Land in Flaschen abgefüllt. Jedoch scheint sich der Markt auch in diese Richtung schnell weiterzuentwickeln, denn bis zum Jahr 2010 sollen 20 Prozent des tunesischen Olivenöls das Land bereits abgepackt verlassen. Der Olivenölexport stellt durchschnittlich über 44 Prozent des Exportes im landwirtschaftlichen Bereich und vier Prozent des gesamten Exportes TUNESIENS dar und ist daher eine wichtige Devisenquelle. Der allergrößte Teil (96 bis 99 Prozent) geht in die Europäische Union. Die Hauptabnehmer sind vornehmlich Italien mit durchschnittlich 63 Prozent und Spanien mit ca. 21 Prozent. Frankreich schlägt mit etwa zwölf Prozent zu Buche. Die restlichen vier Prozent werden mit steigender Tendenz vorwiegend in die USA und in die arabischen Golfstaaten exportiert.

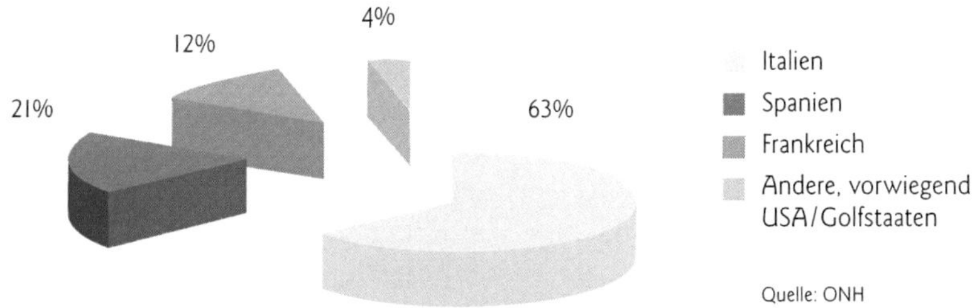

Wenn man sich die einzelnen Zahlen des Pro-Kopf-Verbrauchs näher anschaut, so fällt auf, dass hierbei die Reihenfolge der Länder nahezu übereinstimmt mit der Rangfolge der Olivenöl produzierenden Länder. Aber nachdem die Bevölkerung immer intensiver über die positiven Effekte einer auf nativem Olivenöl basierenden Ernährung aufgeklärt wird, steigen die Verbrauchszahlen auch in den anderen Staaten konstant an. Dennoch wird bis heute *natives Olivenöl extra* in den Ländern ohne »Olivenölkultur« eher als Luxusgut betrachtet, während es in den traditionell mit diesem Produkt verbundenen Ländern wie Griechenland, Spanien, Italien und TUNESIEN als tägliches und unverzichtbares Nahrungsmittel angesehen wird.

Es überrascht daher nicht, dass Griechenland die Liste des Pro-Kopf-Verbrauchs mit einem durchschnittlichen Jahreskonsum von 20,5 Kilogramm pro Einwohner unangefochten anführt. Italien und Spanien folgen mit einem Wert von 14,1 bzw. 12,2 Kilogramm, gefolgt von Syrien mit 6,9 Kilogramm pro Einwohner. Australien führt mit einem Jahresverbrauch von 1,8 Kilogramm die Tabellenspitze der Verbraucherländer an, die kein oder kaum Olivenöl produzieren. Ihm folgen Frankreich und die Schweiz mit jeweils 1,4 Kilogramm sowie die USA, Großbritannien, Deutschland und Japan.

Pro-Kopf-Verbrauch von Olivenöl in kg pro Jahr

(Durchschnitt der Jahre 2000/01–2005/06)

Griechenland	20,5	TUNESIEN *	4,2	Frankreich	1,4	Türkei	0,7
Italien	14,1	Portugal	4,0	Schweiz	1,4	Deutschland	0,5
Spanien	12,2	Australien	1,8	USA	0,9	Japan	0,3
Syrien	6,9	Marokko	1,5	Großbritannien	0,8	Finnland	0,2

* Nach den offiziellen Zahlen aus TUNESIEN liegt der jährliche Pro-Kopf-Verbrauch von Olivenöl bei durchschnittlich 6 kg/Einwohner.

Quelle: COI

Finnland bildet mit 200 Gramm pro Einwohner das Schlusslicht dieser Aufzählung. Hier fällt auf, dass Finnland die sogenannte »Sieben-Länder-Studie« (siehe S. 101) mit hohen auf Herz-Kreislauf-Erkrankungen zurückzuführenden Todeszahlen anführt, während in Griechenland, insbesondere auf Kreta, die wohl gesündeste Ernährungsweise entdeckt wurde, da hier während dieser Studie die wenigsten Teilnehmer an Herz-Kreislauf-Erkrankungen verstarben. Diese Langzeitstudie beweist ohne Zweifel den Zusammenhang zwischen einer gesunden Ernährung auf der Basis von nativem Olivenöl und dem Auftreten von Herz-Kreislauf-Erkrankungen.

Werbeposter aus den 1960er Jahren.

In Tunesien ist wie auch in den anderen Mittelmeerländern der Verzehr von nativem Olivenöl tief verwurzelt. Schon seit Jahrhunderten ist es ein unverzichtbarer Bestandteil der tunesischen Küche. Bis 1962 wurde in Tunesien ausschließlich Olivenöl verzehrt. Dann setzte jedoch eine Politik ein, die zum Ziel hatte, billige Pflanzenöle für die ärmeren und benachteiligten Bevölkerungsschichten zu importieren. Im Ausgleich dazu wurde tunesisches Olivenöl zu einem hohen Preis exportiert, was für den Aufbau und die wirtschaftliche Entwicklung dringend benötigte Devisen in das Land brachte. Bis heute subventioniert der tunesische Staat das importierte billige Pflanzenöl, vor allem Soja- und Sonnenblumenöl, sodass vom Endverbraucher faktisch nur der halbe Preis zu zahlen ist.

Diese Politik veränderte für eine lange Zeit das Konsumverhalten der tunesischen Bevölkerung. Durch den Import der viel billigeren Pflanzenöle wurde der heimische Markt für das native Olivenöl nachhaltig gestört, wenn nicht gar ruiniert. Die Tunesier haben sich daran gewöhnt, mit billigem Soja- oder Saatöl zu kochen. Erst langsam steigert sich wieder der Verbrauch von nativem Olivenöl, auch hier ausgelöst durch ein verändertes Gesundheitsbewusstsein der tunesischen Verbraucher und nicht zuletzt durch das Aufkommen eines gewissen Wohlstandes. Ärmere Bevölkerungsschichten können sich das im Vergleich viel teurere native Olivenöl allerdings auch heute noch schlicht nicht leisten.

Früher wie heute gilt leider in Tunesien: Olivenöl ist für die Bauern, die es erzeugen, oder für die wenigen Glücklichen, die es sich leisten können!

Qualität

Der Ölbaum

Es ist nicht unüblich, dass ein Olivenbaum das fast biblische Alter von 300 bis 800 Jahren erreicht, mancher Ölbaum wird sogar mehr als 1000 Jahre alt. Sein hohes Alter belegt die Robustheit und gute Immunabwehr dieser Pflanze. Aufgrund seiner natürlichen Inhaltsstoffe, vor allem des Oleuropein, ist der Ölbaum nämlich gegen viele Krankheiten gewappnet und kaum ein Schädling kann ihm etwas anhaben. Er erreicht eine Höhe von zehn bis 16 Metern, in Einzelfällen wird er auch mal 20 Meter hoch. Charakteristisch sind sein malerisch knorriger und zerfurchter Stamm, der von seinem langen Leben zu erzählen scheint, und die silbrig schimmernde Blattkrone. Eigentlich sind die Blätter zweifarbig: kräftig olivgrün an der Oberseite sowie fein behaart und weiß-silbrig an der Unterseite. Es ist ein immergrüner Baum, dessen Blätter eine Lebensspanne von etwa drei Jahren haben und sich ständig erneuern. Er besitzt ein weitverzweigtes, solides Wurzelwerk, das in einer Tiefe von bis zu sechs Metern nach Wasser und Nahrung suchen kann.

Der älteste und größte Olivenbaum weltweit ist 1200 Jahre alt und steht in Chenini, Südtunesien. Er produziert jährlich 2200 Kilogramm Oliven, die mehr als 500 Kilogramm Olivenöl ergeben!

Der Ölbaum trägt nach etwa vier bis fünf Jahren die ersten Früchte, aber eine Ernte lohnt sich erst mit etwa zehn Jahren. Dann liefert er zwischen 50 und 70 Kilogramm Oliven, die etwa zehn bis 18 Liter natives Olivenöl hergeben. Mit zunehmendem Reifegrad der Oliven und durch winterlich niedrige Temperaturen vergrößert sich die Ausbeute bei der Ölproduktion. Der prozentuale Ölgewinn kann sich während der Ernte, die sich bei großen Olivenhainen von mehreren hundert Hektar durchaus über Wochen hinziehen kann, von anfangs 15 Prozent auf spätere 25 Prozent oder sogar mehr erhöhen. Das bedeutet in konkreten Zahlen, dass 100 Kilogramm Oliven anfangs 15 Kilogramm Olivenöl ergeben, später jedoch 25 Kilogramm.

Die Menge von Olivenöl wird während der Produktion und beim Großhandel mit dem Gewicht, also mit Kilogramm oder Tonnen berechnet. Erst nach der Flaschenabfüllung ändert sich die Mengeneinheit in Liter!
Ein Kilogramm Olivenöl nimmt ein Volumen von 1,1 Liter ein. Ein Liter Olivenöl wiegt etwa 0,9 Kilogramm.

Mit den neuesten Züchtungen und modernsten Anbaumethoden und unter Zuhilfenahme regelmäßiger Bewässerung und Düngung kann ein junges Olivenbäumchen heutzutage jedoch schon nach drei bis vier Jahren etwa zehn Kilogramm Oliven tragen. Zur Vermehrung wird auf traditionelle Weise die Wurzel eines alten Ölbaumes in kleine Stücke gehackt. Diese werden in den Boden gelegt und gewässert. Die auf diese Weise vervielfältigten Bäume sind widerstandsfähig und langlebig. Bei der modernen Vermehrung eines Olivenbaumes werden statt der Wurzelstücke Stecklinge eingepflanzt, also gekürzte Aststücke, die schnell Wurzeln treiben und rasch eine ordentliche Ernte liefern. Die so gezogenen Bäume sind allerdings weniger widerstandsfähig gegenüber widrigem Wetter und Parasitenbefall.

Dieses junge Olivenbäumchen der Sorte Koroneiki ist gerade mal sechs Monate alt.

Die Erntemenge eines Olivenbaums kann sehr stark variieren, denn sie ist natürlich vom Klima des vergangenen Jahres abhängig, das sich auf das Heranwachsen der Oliven auswirkt. Andererseits hängt die Ausbeute auch von der jeweiligen Olivensorte und dem Standort ab. Der traditionell vermehrte Baum trägt noch weitere 100 Jahre seine Früchte, bei einem aus Stecklingen gezogenen Olivenbaum lohnt sich allerdings die Ernte bereits nach 30 Jahren nicht mehr. Der Olivenbaum bringt nur jedes zweite Jahr Oliven hervor, da er die unfruchtbare Phase zum Herausbilden neuer Triebe nutzt, an denen dann im folgenden Jahr die Früchte wachsen. Das Holz des Olivenbaumes kann nämlich nur ein einziges Mal in seinem langen Leben Früchte erzeugen, das heißt die Oliven bilden sich nur an den jüngsten Trieben aus.

Deshalb existieren an einem kultivierten Olivenbaum drei verschiedene Holz- bzw. Astarten nebeneinander. Das *nicht produzierende Holz* ist älter als ein Jahr und hat bereits einmal Früchte getragen, kann also keine Oliven mehr bilden. Es ist an seiner dunklen und matten Farbe erkennbar. Aus seinen Augen können sich neue Triebe entwickeln. Die *jungen Triebe* vom letzten Jahr sind im Allgemeinen viel weicher. Ihr Holz glänzt in einem hellen Grün und auch ihre Blätter sind jung und hellgrün. Die Augen bzw. die Knospen für die Blüten sind in den »Höhlen«, die sich zwischen Ast und Blatt bilden, gut erkennbar. Die dritte Kategorie sind die *Schmarotzer*. Es handelt sich hierbei ebenfalls um neue Triebe aus dem letzten Jahr, an denen aber keine Früchte wachsen werden. Sie bilden sich am Stamm oder an dem ganz alten Geäst. Häufig wachsen sie in der Mitte des Baumes und entspringen meist direkt am Rand einer Wunde aus dem Baumschnitt des letzten Jahres. Diese Triebe erkennt man an ihrem fast perfekten vertikalen Wuchs und ihrer sehr glatten Rinde.

Die Olivenblüten geben dem Olivenbauern eine ungefähre Vorstellung über die nahende Saison. Doch nicht aus jeder Blüte entsteht eine Olive.

Die Olivenbäume blühen in TUNESIEN etwa von Mitte März bis Juni. Dies ist eine Zeit voller Risiko. Der Ölbaum braucht für eine gute Olivensaison die niedrigen Temperaturen und den Regen des Winters, doch genauso wichtig ist die erste Sonne im März und in den darauffolgenden Monaten. Er dankt den Frühlingsregen mit noch mehr Früchten, aber sollte das Frühjahr falsch beginnen, so reicht ein einziger frostiger Tag, um die gesamte kommende Ernte zu vernichten.

Mit den ersten Sonnenstrahlen im März beginnt der Ölbaum sein Antlitz zu verändern. Zuerst bilden sich Tausende kleine Knospen, die leicht mit Oliven zu verwechseln sind. Doch dann plötzlich, von einem Tag auf den anderen, brechen diese stecknadelgroßen Knospen auf und es erscheinen erst vereinzelt, dann in immer größerer Zahl kleine weiße, vierblättrige Blüten. Die Kunde vom warmen, sonnigen Wetter nach dem kalten und regenreichen Winter spricht sich schnell herum und bald steht der ganze Baum in voller Blütenpracht. Die Luft ist erfüllt von süßlich zitronigem Duft. Mit jedem Luftstoß verteilen die Olivenblüten große Mengen von Pollen. Der Ölbaum ist eingehüllt in einen feinen weißen Schleier und zu seinen Füßen ist der Boden mit gelbem Blütenstaub gepudert.

Nach nur 24 Stunden verwelken die winzigen Blüten, werden braun und fallen herunter. Drei Viertel von ihnen sind männlich, sie fallen vollständig zu Boden. An der Stelle der weiblichen Blüten bleiben winzige Beeren zurück, die zu den fleischigen Früchten mit hartem Stein heranwachsen, die wir als Oliven kennen.

Die Olive

Es gibt keine grünen und schwarzen Oliven, sondern die Farbe charakterisiert nur den unterschiedlichen Reifegrad. Alle Oliven sind zuerst grün und wechseln ihre Farbe während der Reifung nach und nach über grün-violett gemasert hin zu violett-schwarz glänzend. Der Fachmann erkennt den optimalen Zeitpunkt für die Ernte an einem weißen Schimmer, der die reife Olive umgibt und der an Raureif erinnert.

Heute gibt es 30 Gattungen mit bis zu 2000 verschiedenen Olivensorten. Durch neue Züchtungen kommen regelmäßig neue Varietäten hinzu. Die Oliven unterscheiden sich aber nicht in der Farbe, sondern in Größe und Form sowie in ihrer chemischen Zusammensetzung und ihrem Ölgehalt. Es gibt kleine, mittlere und sehr große Oliven in runder, ovaler oder spitz zulaufender Form. Manche Olivensorten sind knackig und glänzend, andere eher stumpf, schrumpelig und fleckig. Einige Sorten eignen sich eher für die Ölgewinnung, andere werden nur als Tafeloliven verarbeitet.

Chemlali-Oliven

In Tunesien kommen folgende heimische Olivensorten am häufigsten vor:

Chemlali

ist die wichtigste Sorte zur Ölgewinnung und macht mehr als 60 Prozent der tunesischen Olivenbäume aus. Die Früchte sind durchschnittlich 1,2 Gramm schwer und werden vor allem im Sahel, in Mittel- und in Südtunesien angepflanzt. Ihr Öl ist zu Beginn der Reife sehr fruchtig, leicht bitter und leicht scharf, mit einem Geschmack nach grünen Mandeln und frischen Kräutern, seltener nach Äpfeln. Aus vollreifen Früchten ist das Öl mild und leicht fruchtig mit einem Geschmack nach trockenen Mandeln.

Chetoui

ist die zweithäufigste Sorte zur Ölgewinnung. Sie dominiert die Olivenhaine Nordtunesiens. Eine Varietät, die der *Chetoui* bis auf die Größe sehr ähnlich ist, ist hauptsächlich in der Region um Nabeul zu finden und wird *Chaaïbi* genannt. Die *Chetoui* ist durchschnittlich 2,8 Gramm schwer, die *Chaaïbi* ist etwas größer.

Chetoui-Oliven

Das Öl beider Sorten ist fruchtig, bitter und scharf mit einer mittleren bis starken Intensität und mit einem starken Geschmack nach grünen Mandeln. Mit der Reife der Früchte nimmt die Bitterkeit etwas ab, bleibt aber stets gut wahrnehmbar.

Al-Gim
ist eine recht unbekannte, aber umso interessantere Olivenvarietät, die in der Region um Kairouan zu finden ist. Die runde Frucht ist durchschnittlich zwei Gramm schwer und macht etwa fünf Prozent der tunesischen Öloliven aus. Sie zeichnet sich durch ihren außergewöhnlich hohen Ölgehalt (bis 35 %) aus und wird praktisch als erste Olivensorte zu Beginn der Olivensaison in der Zeit zwischen Mitte Oktober und Ende Dezember geerntet. Ihr Öl ist mild, süß und sehr hell, fast weiß.

Meski
ist die am häufigsten angebaute Tafelolive TUNESIENS. Sie wiegt durchschnittlich 6,9 Gramm und ist in den Olivenhainen im ganzen Land zu finden.

Darüber hinaus gibt es in TUNESIEN aber noch viele weitere, weniger bedeutende Varietäten, die meist nach ihrem Standort benannt werden und die sich oft nur noch vom Fachmann durch ihre chemische Zusammensetzung voneinander unterscheiden lassen.

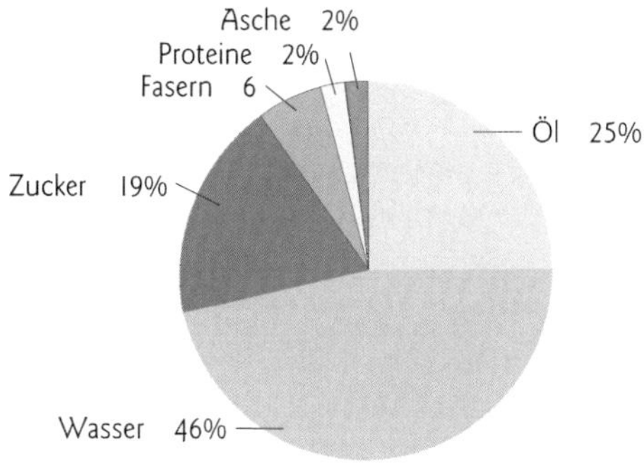

Zusammensetzung der Olive

Eine Olive besteht zu etwa 15 bis 25 Prozent aus Öl, wobei 96 bis 98 Prozent des Öls im Fruchtfleisch enthalten sind und der Rest aus dem Samenkern stammt. Der Wassergehalt einer Olive liegt zwischen 30 und 60 Prozent, der Zuckergehalt bei etwa 19 Prozent. Eine Olive besteht ansonsten aus 5,8 Prozent Fasern, 1,6 Prozent Proteinen und etwa 1,5 Prozent Asche.

Vor allem unterscheiden sich Oliven aber im Geschmack, und zwar je nach Olivensorte, nach Standort (z. B. nahe am Meer, auf dem flachen Land, auf hügeligem Gelände oder in Berglage) und Klima, nach Bodenbeschaffenheit und nach der ihnen angediehenen Pflege. Außerdem können die an oder im Olivenhain vorhandenen unterschiedlichen Obstbäume den Geschmack der Olive merklich beeinflussen. Beispielsweise werden beim biologischen Anbau gerne Mandelbäume zwischen die Reihen gepflanzt, um dem nativen Olivenöl einen Geschmack nach Mandeln zu verpassen. Zitronenbäume verleihen diesem dagegen einen frischen Geschmack nach Zitronen. Abhängig vom Zeitpunkt der Ernte und wie sorgfältig dabei und auch bei der Olivenölproduktion vorgegangen wird, ergibt sich ein geschmacklich und qualitativ völlig unterschiedliches natives Olivenöl.

Ausschlaggebend für erstklassiges natives Olivenöl sind der Erntezeitpunkt und die rasche Verarbeitung der Oliven. Denn jeder Verzug in der Weiterverarbeitung fördert eine Fermentierung und Oxidierung der Früchte und erhöht den Gehalt an freien Fettsäuren im nativen Olivenöl.

Endlich ist es so weit! Der Olivenbaum neigt sich unter seiner schweren Last und wartet geduldig darauf, abgeerntet zu werden. Scharen von Familien und Landarbeitern machen sich im nun nahenden Winter bereit, seine köstlichen Früchte zu sammeln. Ein Knistern liegt in der Luft und eine freudige Erwartung des frischen, grünlich-bitteren Olivenöls.

Es gibt verschiedene Ernteverfahren, traditionelle und moderne, manuelle und mechanische. Auf die schonendste Art werden die Früchte von Hand gepflückt. Die Pflücker organisieren sich in kleinen Gruppen, um gemeinsam Baum für Baum abzuernten. Hierzu werden auf dem Boden unter dem Olivenbaum spezielle Tücher oder Netze ausgelegt, auf denen sich die frisch geernteten Oliven sammeln. Denn man will nicht versehentlich die alten, auf natürliche Weise abgefallenen Oliven aufsammeln, weil diese überreif und teils verschmutzt

Bis heute werden in TUNESIEN die Oliven fast ausschließlich schonend von Hand gepflückt. Selbst eine geübte Pflückerin kann auf diese Weise aber nur zwischen zwischen 80 und 150 Kilogramm Oliven pro Tag ernten.

sind, von Ungeziefer befallen oder bereits verfault. Mithilfe von Leitern und geübten Kletterkünsten erreicht die Pflückerin jeden Ast, den sie entweder mit der Hand, deren Finger durch echte oder künstliche Schafs- oder Ziegenhörner geschützt sind, oder mittels kleiner spezieller Plastikkämme von den Oliven befreit. Eine geschickte Pflückerin erntet so bis zu 15 Kilogramm Oliven in der Stunde. Tafeloliven, die für den Verzehr vorgesehen sind, müssen allerdings vorsichtig mit der bloßen Hand gepflückt werden, damit sie auch wirklich absolut unbeschädigt bleiben. In den Tüchern werden die Oliven von der Mehrzahl der Blätter befreit, gesammelt und in luftdurchlässige Jutesäcke oder besser noch in spezielle Plastikkisten gefüllt.

Mit diesen kleinen Harken und künstlichen Ziegenhörnern werden die Oliven vorsichtig vom Ast gekämmt.

Dies ist das älteste Ernteverfahren. Es ist äußerst arbeits- und zeitintensiv und deshalb auch sehr kostspielig. Doch das Pflücken der Oliven von Hand ist nicht nur pittoresk, sondern unter Fachleuten und Olivenölliebhabern gleichermaßen anerkannt das zweifelsohne behutsamste Ernteverfahren und eine prinzipielle Säule für die Gewinnung hochwertigen Olivenöls. Durch das Pflücken von Hand wird die Fruchtschale nicht beschädigt, die Oliven bleiben sauber und unversehrt. So erreichen sie die Ölmühle in einem optimalen Zustand. Auch für den Olivenbaum ist diese Art der Ernte auf lange Sicht das behutsamste Verfahren und richtet den geringsten Schaden an. Denn durch die anderen Erntemethoden, die nachfolgend beschrieben werden, kann der sonst so robuste Olivenbaum empfindlich gestört werden.

Folgende zwei althergebrachte Erntetechniken haben in einigen Regionen eine lange Tradition: Bei der ersten Methode werden die Oliven durch heftige Schläge mit langen Stöcken oder Latten zum Herunterfallen auf ausgelegte Netze und Matten gebracht. Auch für diese Arbeit werden mehrere Personen benötigt und dementsprechend ist diese Technik ebenfalls noch vergleichsweise arbeits- und kostenintensiv. Außerdem besteht die große Gefahr, die Oliven als auch einzelne Äste, die im kommenden Jahr Früchte tragen sollen, stark zu beschädigen. Das andere traditionelle »Verfahren« besteht lediglich im Auslegen von Netzen unter den Olivenbäumen. Die auf natürliche Weise herabgefallenen Oliven werden in ihnen gesammelt und von Zeit zu Zeit zur Ölmühle gebracht. Da aber nur die sehr reifen Früchte von allein vom Baum fallen, sind diese ganz besonders anfällig für eine frühzeitige Oxidation. Ein Gären und Verfaulen beginnt sehr schnell. Aus diesem Grund liefern die Früchte, die vom Boden aufgelesen werden, immer ein qualitativ minderwertiges Olivenöl.

Völlig mechanisiert und auf unsere industrialisierte Welt zugeschnitten ist dagegen die Arbeit mit Erntemaschinen. In verschiedenen Größen und Kapazitäten ermöglichen sie eine schnelle und kostengünstige Ernte. Bei den kleineren Maschinen wird hierbei vollautomatisch ein Netz unter dem Olivenbaum aufgespannt. Anschließend greift ein zangenähnlicher Arm die verschiedenen Äste, bei den großen Erntemaschinen sogar den Stamm, und schüttelt und rüttelt kräftig, bis alle Oliven in das Netz gefallen sind. Dieses schließt sich anschließend selbstständig und füllt die Oliven in bereitstehende Säcke oder Kisten. Eine andere Möglichkeit ist das maschinelle Durchkämmen von Ästen und Baumkronen. Große Erntemaschinen können jedoch nur zur Anwendung kommen, wenn es die Anordnung und der Wuchs der Olivenbäume sowie der Geländeverlauf zulassen.

Diese imposante Erntemaschine durchkämmt die Olivenbäume der California Olive Ranch in Oroville, Nordkalifornien. Die frisch geernteten Oliven werden direkt auf einen nebenher fahrenden Traktor verladen.

Um ein ausgezeichnetes *natives Olivenöl extra* herzustellen, ist es absolut wichtig, dass die Oliven die Produktionsstätte in einem unbeschädigten Zustand erreichen und dort schnell weiterverarbeitet werden.

Der Vorteil der mehr oder minder mechanisierten Erntetechniken ist offensichtlich. Sie sind weniger arbeitsintensiv und somit kostengünstiger als die traditionelle Olivenernte mit der Hand. Die großen, Hunderte und Tausende Hektar umfassenden Olivenhaine in Australien, Kalifornien und Argentinien, aber mittlerweile auch in Spanien, lassen sich heute kaum mehr anders bewirtschaften. Doch wie in anderen Agrarsektoren auch kann die Modernisierung im Olivenanbau negative Auswirkungen sowohl auf die Produktqualität als auch auf die Natur haben. Bei den Rüttelmaschinen und der Ernte mit Stockschlag können sich die Vibrationen und Erschütterungen bis in die Wurzel ausbreiten und über Jahre und Jahrzehnte hinweg den Olivenbaum empfindlich schädigen. Hinzu kommt, dass bei den motorisierten Erntemaschinen Motorenlärm, Abgase und Ölverunreinigungen entstehen, die das ökologische Umfeld stören und verseuchen können.

In TUNESIEN werden die Oliven bis heute fast ausschließlich nach der alten Tradition manuell mit der Hand gepflückt. Das hat einen plausiblen Grund: Der größte Teil der tunesischen Olivenbäume wird noch immer durch Kleinbauern und ihre Familien kultiviert. Zur Ernte wird die ganze Familie zusammengetrommelt. Sogar die kleineren Kinder haben ihre Aufgabe im Auflesen der neben das Netz gefallenen Oliven. Für diese Familien und Kleinbauern ist es wirtschaftlich uninteressant, eine Erntemaschine anzuschaffen. Aber auch in den größeren Olivenhainen wird auf die Mechanisierung gern verzichtet. Wegen der niedrigen Löhne lohnt es sich in TUNESIEN immer noch, die Oliven auf diese schonende und umweltverträgliche Weise zu ernten. In der Europäischen Union mag man wegen des hohen Lohn-

Diese hygienischen und gut belüfteten Kisten können jeweils zwischen 300 und 400 Kilogramm Oliven aufnehmen.

niveaus Nachwuchssorgen haben und nicht genügend Landarbeiter einstellen können. Aber in Tunesien ist die Mechanisierung im Agrarsektor noch in weiter Ferne. Die Lohn- und Lohnnebenkosten werden es wohl auch in Zukunft weiter erlauben, Handpflücker einzustellen. Sozialpolitisch ist das auch wegen der immer noch niedrigen Allgemeinbildung der Landbevölkerung absolut zu empfehlen. Es wäre eine soziale und politische Katastrophe, würden plötzlich keine Landarbeiter mehr benötigt.

Auch hier gilt wie so oft: Gute Qualität hat ihren Preis! Als Verbraucher sollte man bereit sein, für ein qualitativ hochwertiges und naturbelassenes Produkt einen angemessenen, etwas höheren Endpreis zu zahlen. Denn es ist zu berücksichtigen, dass bei der Olivenölherstellung die Baumpflege und vor allem die Ernte den teuersten Teil darstellen. Hier entstehen nämlich ca. 80 Prozent der Kosten!

Im Bio-Olivenhain Ksar-Ezzit wird der Boden zwischen den neuen Olivenbäumen auf klassische und umweltschonende Art mit Pferden und Maultieren gepflügt.

Obwohl der Olivenbaum eine außergewöhnlich robuste Pflanze ist, ist es unerlässlich, sich während des ganzen Jahres gut um ihn zu kümmern. Er dankt dann die gute Pflege mit einer großen Olivenausbeute.

Das A und O dieser Pflege ist das regelmäßige Pflügen und Auflockern der Erde mit dem Traktor. Hier gilt die Regel: je öfter, desto besser! Auf jeden Fall sollte der Boden mindestens zwei Mal im Jahr gepflügt werden. Zum einen macht diese Arbeit die Erde wasserdurchlässiger. Denn bei den hohen Temperaturen in TUNESIEN trocknet der Boden stark aus und verhärtet sich. Kommt es dann schließlich zu dem ersehnten Regenschauer, läuft das Wasser ab, weil es nicht schnell genug in das steinharte Erdreich eindringen kann. Zum anderen unterstützt das Unterpflügen der Gräser und Kräuter das Leben von Millionen Kleinstorganismen, Bakterien und Pilzen, die die abgestorbenen Pflanzenteile und Tierrückstände zu nahrhaftem Humus verarbeiten. Außerdem lässt regelmäßiges Umpflügen der Olivenhaine in den Wintermonaten die Larven der Oliven- oder Ölfliege absterben, die der größte natürliche Schädling des Ölbaums ist und die im Boden in etwa drei Zentimeter Tiefe überwintert. Sie missbraucht die Olive als Brutstätte, indem sie einen Schnitt in die harte Olivenschale schnitzt und ihre Eier in der noch grünen Steinfrucht ablegt. Aus dem Ei schlüpft ein niedliches Würmchen, das sich im Verlauf von zehn bis zwölf Tagen zu einer fetten Made heranfrisst und in der Olive einen mit ihren Exkrementen gefüllten Fressgang zurücklässt. Das ist nicht nur unappetitlich, sondern es beeinträchtigt auch die Qualität des nativen Olivenöls, da in den Fressgängen bereits oxidative und enzymatische Veränderungen wirken. Der Schaden, den die Olivenfliege anrichtet, kann infolgedessen recht große Dimensionen erreichen. Fallen die Oliven mit den sich verpuppenden Insekten zu Boden, überwintern diese dort oder es schlüpft im ungünstigsten Fall bereits nach weiteren zehn Tagen eine neue Fliegengeneration aus den Larven.

Erst wenige Bauern TUNESIENS bewässern ihre Olivenbäume regelmäßig oder auch nur während der heißen Sommermonate. Eine Bewässerung sichert und vergrößert jedoch zweifellos die Ernte und hält den Olivenbaum gesund, der unter extrem

Die Oliven- oder Ölfliege *Dacus oleae* ist der größte natürliche Schädling des Olivenbaums.

hohen Temperaturen stark in Mitleidenschaft gezogen werden kann. In sehr heißen und trockenen Sommern kann es unter widrigen Umständen sogar zum Vertrocknen, ja regelrechten Verbrennen der Astenden kommen. Manchmal sind die Verletzungen so schwerwiegend, dass sie zum Absterben des gesamten Baumes führen. Allerdings besteht nicht überall die Möglichkeit, die Olivenhaine zu bewässern. Oft liegen diese in unzugänglichen Gebieten und verfügen über keine Brunnen oder unterirdischen Wasserreservoire, sodass die Wassersuche erfolglos bleibt. Zusätzlich ist eine konstante Tröpfchenbewässerung natürlich auch mit immensen Investitions- und Instandhaltungskosten verbunden.

In einem tunesischen Sprichwort sagt der Bauer zum Olivenbaum: »Ich werde dich jetzt gießen.« Da antwortet der Baum: »Dann mache ich dich reich!« »Und danach werde ich dich [mit Mist] düngen«, verspricht der Bauer. Darauf erwidert der Olivenbaum: »Dann wirst du verrückt [vor Reichtum]!«

Ein ausgedünnter Olivenbaum direkt nach dem jährlichen Baumschnitt. Er wächst in einer biologischen Plantage, in der zwischen den Reihen Zitronenbäume angepflanzt wurden, die dem nativen Olivenöl einen frischen Geschmack nach Zitronen (goût de citron) verleihen.

Die tunesischen Olivenbauern verzichten in der Regel auf chemische Dünge- und Schädlingsbekämpfungsmittel. Wenn überhaupt, dann werden die Olivenbäume TUNESIENS mit biologischem Kuhmist gedüngt. Chemische Schädlingsbekämpfungsmittel werden wegen der hohen Kosten eher selten verwendet.

Neben dem regelmäßigen Pflügen der Erde und einer Bewässerung der Olivenbäume ist die dritte wichtige Säule in der Kultivierung eines Olivenhains der regelmäßige jährliche Baumschnitt direkt nach der Ernte und noch bevor sich die ersten Blüten zeigen. Er wird von Spezialisten durchgeführt, die über jahrzehntelange Erfahrung verfügen und wissen, wie sie den Baum von den alten, unrentablen Ästen zu befreien haben. Der Olivenbaum wird durch den professionellen Baumschnitt verjüngt und die Baumkrone wird wieder so stark gelichtet, dass die Sonne gut in das gesamte Geäst eindringen kann. In TUNESIEN wird diese wichtige Arbeit ausschließlich mit Baumscheren und Handsägen durchgeführt. In den meisten Olivenhainen Südeuropas ist dagegen die Kettensäge ein unverzichtbares Werkzeug geworden, obwohl durch herabtropfendes Motoren- oder Schmieröl eine Verschmutzung des Bodens nicht ausgeschlossen werden kann.

Vom Aussehen der Olivenbäume einer Region kann man meist gut auf die Qualität der Ölproduktion schließen! Wer seine Bäume gut pflegt und in Ordnung hält, der geht auch bei der Ernte sorgfältig vor.

Struppige Bäume ergeben in der Regel auch eher schmuddelige Öle!

Die Ölgewinnung

Die Oliven sind gepflückt! Nun ist es wichtig, dass sie die Ölmühle so schnell und so unbeschadet wie möglich erreichen. Und auch hier in der Ölmühle zählt jede Stunde. Je kürzer die Lagerzeit der Oliven, desto besser wird die Qualität des frisch gewonnenen nativen Olivenöls sein. Denn bereits direkt nach dem Pflücken setzt die Oxidation in der Olive ein, und diese wirkt sich auf den Anteil der freien Fettsäuren, der Ölsäure, aus.

Die Aufgabe der Ölmühle besteht darin, das Olivenöl, das in Milliarden kleinster Tröpfchen im Gewebe der Oliven verteilt ist, freizulegen (*mahlen*), zusammenzufügen (*kneten*) und von den festen (*pressen*) und den wässrigen Anteilen der Oliven zu trennen (*separieren*).

Was passiert mit der Olive in der Ölmühle? Das Herstellungsverfahren von nativem Olivenöl hat sich im Prinzip über die Jahrtausende hinweg kaum verändert. Nur der Kraftaufwand und seine Quelle haben sich gewandelt. Musste

Die frischen Oliven durchlaufen in einer modernen Ölmühle zuerst die Waschanlage.

zu Beginn der Ölproduktion die Arbeit von Menschenhand verrichtet werden, so wurde später die Tierkraft genutzt. Schließlich setzte eine Mechanisierung der Arbeitsvorgänge ein und es wurden fortschrittlichere Geräte und Maschinen konstruiert, bis hin zum »kontinuierlichen Endlossystem« der heutigen Zeit. Der Arbeitsablauf ist also immer der Gleiche, egal, ob es sich um eine traditionelle oder um eine moderne Ölmühle handelt!

Sobald die Oliven die Ölmühle erreicht haben, werden die noch vorhandenen Blätter mit einem großen Ventilator von den Früchten getrennt. Sollten sie in den Pressvorgang gelangen, erhielte das native Olivenöl einen relativ unangenehmen bitteren Geschmack. Anschließend werden die Oliven gründlich gewaschen, um sie von Schmutz, möglichen chemischen Rückständen und eventuell immer noch vorhandenen Blättern zu befreien.

Antike Mühlsteine für den Hausgebrauch

Beim nächsten Verarbeitungsschritt werden die Oliven komplett mit ihren Kernen zu einem Brei vermahlen und 30 bis 60 Minuten bei geringer Geschwindigkeit gründlich durchgeknetet. Es gibt prinzipiell zwei Möglichkeiten, um die Oliven zu zerkleinern. Die traditionelle Methode wird schon von Anbeginn der Olivenölproduktion verwandt. Heute sind nur die Dimensionen etwas größer! Es handelt sich üblicherweise um drei bis vier große Granitblöcke, die entweder wie in älteren Maschinen in Schalen aus Granit oder auf modernere Art in einer Metallwanne unaufhörlich kreisen und die zugefügten Oliven zermalmen. Diese Methode nennt sich *Kollergang*. Dabei wird der Olivenbrei, die sogenannte *Maische*, langsam und gründlich geknetet und geschmeidig gemacht, um so in Vorbereitung auf den anschließenden Pressvorgang eine homogene Masse zu erhalten.

Was bei der traditionellen Arbeitsweise während eines einzigen Arbeitsschrittes erzielt wird, bedarf bei der modernen Methode zweier aufeinanderfolgender Arbeitsgänge. Die Oliven werden hier zuerst durch ein kurzes Metallrohr transportiert, in dem sich ein Mahlwerk befindet, das die Oliven mit metallenen Hämmern oder mit Metallscheiben zu einem Brei zerkleinert. Dann wird die Maische in den Mischer weitergeleitet, in dem sie mithilfe eines metallenen Schneckensystems kontinuierlich geknetet wird. In einigen Anlagen wird an dieser Stelle überdies warmes Wasser hinzugefügt, um eine bessere Ölausbeute zu erzielen.

Obwohl die traditionelle Variante mit den Mühlsteinen so unhandlich, platzraubend und langsam ist, bevorzugen viele Fachleute diese Methode. Denn dieses alte Verfahren hat zahlreiche, nicht zu leugnende Vorteile. Da hierbei die Oliven samt ihren Kernen langsam zerquetscht und zerrieben werden, leisten die Mühlsteine eine sehr gründliche Arbeit. Es entsteht ein feiner, homogener Olivenbrei mit einer sehr effizienten Aufspaltung der einzelnen Bestandteile. Dementsprechend wird das Olivenöl gut freigesetzt und selbst die kleinsten Inhaltsstoffe können sich von den festen Stoffen lösen. Im Gegensatz zu dem metallenen Mahlwerk eines kontinuierlichen Systems wird beim Mahlen mit den Mühlsteinen aus Granit das Erhitzen der Maische vermieden und jegliche chemische Veränderung der Inhaltsstoffe verhindert.

Das Mahlen der Oliven in einem metallenen Mahlwerk, sei es mit Hämmern, Scheiben, Zähnen oder Kegeln, ist im Gegensatz zum traditionellen Verfahren schnell und aggressiv und sichert kein gleichmäßiges und gründliches Aufbrechen und Trennen der einzelnen Zellen. Da der Mahlvorgang im kontinuierlichen System nicht so gründlich ist und der Olivenbrei nicht ausreichend auf die Extraktion des Öls vorbereitet wird, muss er anschließend umso länger und gründlicher geknetet werden. Dadurch besteht das Risiko einer unerwünschten Erwärmung der Maische. Unvermeidbar entsteht eine natürliche Arbeitswärme, die nach den neuesten Verordnungen der Europäischen Union aus dem Jahr 2003 maximal 27 Grad Celsius betragen darf. Obwohl man sich auf diesen Grenzwert einigte, sind sich die Experten nicht einig, ob sich diese Wärme nicht doch schon geschmacklich oder qualitativ negativ auf das native Oliven-

Im kontinuierlichen Endlossystem gelangen die zerkleinerten Oliven in die Mischer – meist sind mehrere hintereinander geschaltet –, um hier gründlich geknetet zu werden.

öl auswirkt. Unbestritten ist auf jeden Fall, dass die natürlichen Polyphenole des nativen Olivenöls unter zu hohen Temperaturen verloren gehen. Sie sind es aber, die die natürlichen Antioxidantien bilden und die lange Haltbarkeit des nativen Olivenöls sichern. Viel Fingerspitzengefühl wird dem Ölmüller hier abverlangt. Denn wird die Ölmühle bei zu niedrigen Temperaturen (unter 24 Grad) gefahren, sinkt die Ausbeute und es bleibt zu viel Öl im Trester zurück.

In dieser alten Ölmühle in Toujen, SÜDTUNESIEN, wurde dieser Mühlstein durch einen Esel bewegt, der hier unaufhörlich seine Kreise zog.

Der auf diese Weise gewonnene Olivenbrei ist jetzt bereit für die nächste Phase. In der Extraktionsphase wird das native Olivenöl gewonnen. Auch hier unterscheiden sich die Verfahrensweisen, mit denen die verschiedenen Bestandteile des Olivenbreis voneinander getrennt werden. Das Öl separiert, also trennt sich vom Fruchtwasser (franz. *margine)* und von den festen Pressrückständen, dem Trester.

Bei der traditionellen Methode wird der Olivenbrei zur Extraktion etwa drei Zentimeter dick auf runde Matten gestrichen bzw. in Matten gefüllt, deren Enden umgestülpt sind. Diese Rundmatten haben in der Mitte ein Loch, um sie übereinander auf ein senkrecht stehendes Stahlrohr stapeln zu können.

In TUNESIEN werden noch überwiegend die handgefertigten Matten aus dem natürlichen Alfagras benutzt, jedoch finden in neuester Zeit nach südeuropäischem Beispiel auch die Matten aus künstlichen Fasern immer öfter Verwendung. Bis zu 30 Stück dieser gefüllten Rundmatten werden nun auf einer Hydraulikpresse übereinandergestapelt. Früher war dies noch eine manuell zu bedienende Schraubenpresse.

In TUNESIEN werden die Pressmatten überwiegend noch aus dem natürlichen Alfagras *Stipa tenacissima* (arab. *halfa*) gefertigt.

Das noch vor dem eigentlichen Pressvorgang von allein heraustropfende Öl ist so kostbar, dass es meist vom Ölproduzenten persönlich verbraucht oder an gute Freunde weitergereicht wird. Es kommt also nur selten in den Handel und erzielt dann einen entsprechend hohen Preis. In TUNESIEN ist dieses Tropföl so hoch angesehen, dass es als »Medikament« bezeichnet und als solches genutzt wird. Es ist viel zu kostbar, um es für die profane Zubereitung von Speisen zu verwenden.

Um den Most, d. h. die Mischung aus Olivenöl und Fruchtwasser, zu extrahieren, wird auf die Matten für etwa 30 bis 60 Minuten ein Druck von circa 400 bis 500 atü ausgeübt. Der Most wird entweder unterhalb des Mattenturms gesammelt oder gleich zum nächsten Verarbeitungsschritt weitergeleitet. Auf den Matten verbleiben die festen Pressrückstände, die später als Tierfutter, Düngemittel oder Brennstoff verbraucht werden können.

Das noch vor dem eigentlichen Pressvorgang aufgrund seines Eigengewichts von allein heraustropfende Olivenöl ist das beste native Olivenöl überhaupt und wird Tropf- oder Mostöl (arab. *ndhuh*) genannt.

In knapp der Hälfte aller tunesischen Ölmühlen wird das Öl auf moderne Art mithilfe von vollautomatischen Zentrifugen gewonnen. Bei diesem Verfahren werden die verschiedenen Bestandteile des nativen Olivenöls aufgrund ihres unterschiedlichen spezifischen Gewichtes voneinander getrennt. In der Zentrifuge dreht sich eine Turbine zwischen 3000 und 4000 Mal in der Minute. Die Zentrifugalkraft, die durch diese schnelle Bewegung entsteht, erlaubt es, den Trester von den flüssigen Stoffen, also dem Olivenöl mit dem Fruchtwasser, zu trennen (Zwei-Phasen-Zentrifuge), oder auch noch das Wasser zu einem großen Teil abzuspalten, da dieses leichter als das Öl ist (Drei-Phasen-Zentrifuge).

Modernes kontinuierliches Endlossystem: Von links gelangen die gewaschenen Oliven in das metallene Mahlwerk und von dort wird der Olivenbrei dem Mischer zugeleitet, in dem er ausgiebig geknetet werden muss. Im Vordergrund ist der zweite Mischer zu sehen, in dem der Olivenbrei weitere 60 Minuten geknetet wird, bevor er zur Extraktion in die Zentrifuge weitergeleitet wird.

In der Drei-Phasen-Zentrifuge, die auch Horizontal- bzw. Dekanterzentrifuge genannt wird, wird der Olivenbrei zu etwa 50 bis 60 Prozent mit warmem Wasser vermengt, um so einen sehr flüssigen und homogenen Brei zu erhalten. Durch die Wärme trennt sich das Öl außerdem leichter von der festen Materie. Der Nachteil dieser Methode liegt auf der Hand: Das Aroma der gemahlenen Oliven wird verwässert und geht zu einem großen Teil verloren. Außerdem verursacht die Drei-Phasen-Zentrifuge deutlich mehr Abwasser als die andere Extraktionsmethode.

Die Zwei-Phasen-Zentrifuge oder Überlaufzentrifuge trennt, wie schon aus ihrem Namen ersichtlich, nur zwei Bestandteile voneinander. Hier wird der Trester nur vom natürlichen Fruchtsaft, d. h. dem noch mit Fruchtwasser vermischten Olivenöl, getrennt. Eine Trennung also in zwei Teile, sogenannte Phasen. Dieses Verfahren liefert ein ausgezeichnetes natives Olivenöl mit einem natürlichen, unverwässerten Aroma, da hier dem Olivenbrei kein einziger Tropfen Wasser hinzugefügt wird. Aus dem gleichen Grund wird bei dieser Zentrifuge viel weniger Abwasser produziert. Der anfallende Trester ist so trocken, dass er direkt als Tierfutter oder Brennmaterial benutzt werden kann.

Zusammenspiel der verschiedenen Handlungen in einer Ölmühle, illustriert durch den Graveur J. Stradan, Anfang 17. Jahrhundert

Die dritte Extraktionsmethode wird hier nur kurz beschrieben, da sie in Tunesien nicht geläufig ist. Bei der Sinolea-Abtropftechnik macht man sich die unterschiedliche Oberflächenspannung von verschiedenen Flüssigkeiten zunutze. Tausende von Edelstahlklingen tauchen bei dieser Methode in den Olivenbrei. Wenn sie wieder hochfahren, bleibt nur das Öl in feinen Tröpfchen an den Lamellen hängen und fließt schließlich separiert ab. Auch bei dieser Methode wird kein Wasser hinzugefügt und aufgrund dessen liefert auch sie ein geschmacklich und qualitativ hochwertiges natives Olivenöl. Allerdings können die Edelstahlklingen nur etwa 60 Prozent des im Olivenbrei vorhandenen Öls extrahieren. Im Anschluss wird der Olivenbrei schließlich doch noch durch eine Zentrifuge geleitet, um das restliche Olivenöl zu gewinnen. Dieses ist jedoch von minderer Qualität. Die Sinolea-Abtropftechnik stellt besondere Anforderungen an den Reifegrad der zu verarbeitenden Oliven und darum ist es nur verständlich, dass diese Methode auf dem heutigen Stand der Technik noch keine große Verbreitung fand.

Zum Ende der Extraktionsphase rinnt der begehrte Fruchtsaft aus der Maschine. Aber Geduld! Dies ist noch nicht das reine native Olivenöl! Erst muss noch das Fruchtwasser abgetrennt werden. Auch hierfür wird seit Jahrhunderten die gleiche Prozedur angewandt: die Klärung oder Dekantation. Früher, als es noch keine Zentrifugen gab, wurde der Most einfach stehen gelassen. Aufgrund des unterschiedlichen spezifischen Gewichts der beiden Flüssigkeiten schwimmt das Öl nach einer Ruhepause auf dem Fruchtwasser und braucht nur noch abgeschöpft zu werden. Man benutzt hierfür eine fast flache Metallplatte.

Zuerst läuft der Fruchtsaft in ein Sieb, in dem die letzten groben Fruchtanteile verbleiben. Danach wird er in die Zentrifugen geleitet, in denen das Öl vom Fruchtwasser getrennt wird.

Natürlich ist diese Methode des Abschöpfens von Hand eine sehr langwierige Prozedur und auch hinsichtlich der Ausbeute nicht zufriedenstellend. Deshalb wird heutzutage der frisch gewonnene Fruchtsaft zur Klärung einem Klär- und Trennseparator zugeführt, der praktisch das gesamte Fruchtwasser von dem nativen Olivenöl trennen kann. Auch hier handelt es sich wieder um eine Zentrifuge, in deren Innerem sich ein Tellerpaket befindet, dessen einzelne Scheideteller die schwere Flüssigkeitsphase von der leichten trennen.

Bei der Produktion von nativem Olivenöl entstehen keine »Abfallprodukte«; es geht praktisch kein Bestandteil der Olive verloren. Das Fruchtwasser wird entweder aufbereitet und dem Produktionszyklus wieder zugeführt oder in Reservoiren aufgefangen. Das gesammelte Fruchtwasser kann anschließend ohne weitere Aufbereitung als Dünger für die Olivenhaine genutzt werden. In der Entwicklungsphase stecken noch Bemühungen, dieses Fruchtwasser als Trinkwasser aufzubereiten. Äußerst vielversprechende Resultate liefert der Versuch, das Fruchtwasser lebensmitteltechnisch zu veredeln. Ein neues Produkt steht in der Entwicklung, das zwar alle positiven Eigenschaften und den Geschmack, aber weder den Fettgehalt noch die entsprechenden Kalorien nativen Olivenöls besitzen soll.

Die festen Reste der Olive, der Trester, werden als Tierfutter oder zum Heizen verwendet. Oliventrester hat einen exzellenten Brennwert und produziert pro Kilogramm 4,65 Kilowattstunden Energie, genauso viel wie Holzscheite von guter Qualität. Es entsteht also bei der Olivenölproduktion ein wiederverwertbarer Brennstoff mit hohem Brennwert und großem ökologischen Potenzial. Viele Ölmühlen werden schon heute mit diesem nebenbei anfallenden Brennstoff beheizt. Aber es geht noch besser! Die Stromgesellschaft von El Téjar in der Nähe von Bae-

Hier fließt endlich das dekantierte native Olivenöl aus der Zentrifuge und ist nun bereit zum Verzehr.

Scheideteller, um das auf dem Fruchtwasser schwimmende native Olivenöl abzuschöpfen.

Seifen und Waschmittel mit Olivenöl werden aus dem olivenölhaltigen Oliventrester hergestellt.

na, inmitten von Andalusien, dem bekanntesten und produktivsten Olivenanbaugebiet Spaniens, produziert Strom für eine Stadt mit 40 000 Einwohnern nur mithilfe dieses Oliventresters! An der Universität von Bonn wird daran geforscht, aus dem polyphenolhaltigen Trester ein Pflanzenschutzmittel für den organischen Landbau zu entwickeln. Die bisherigen Forschungsergebnisse sind sehr Erfolg versprechend. Nicht zu vergessen ist außerdem, dass alle Seifen auf Olivenölbasis grundsätzlich aus dem olivenölhaltigen Trester hergestellt werden. Sogar die Olivenkerne haben noch eine Verwendung: Die werden als Ersatz für Aktivkohlefilter in Kläranlagen verwendet.

Produktionszyklus bei der Gewinnung von nativem Olivenöl und Kombinationsmöglichkeiten von traditionellen und modernen Verfahren

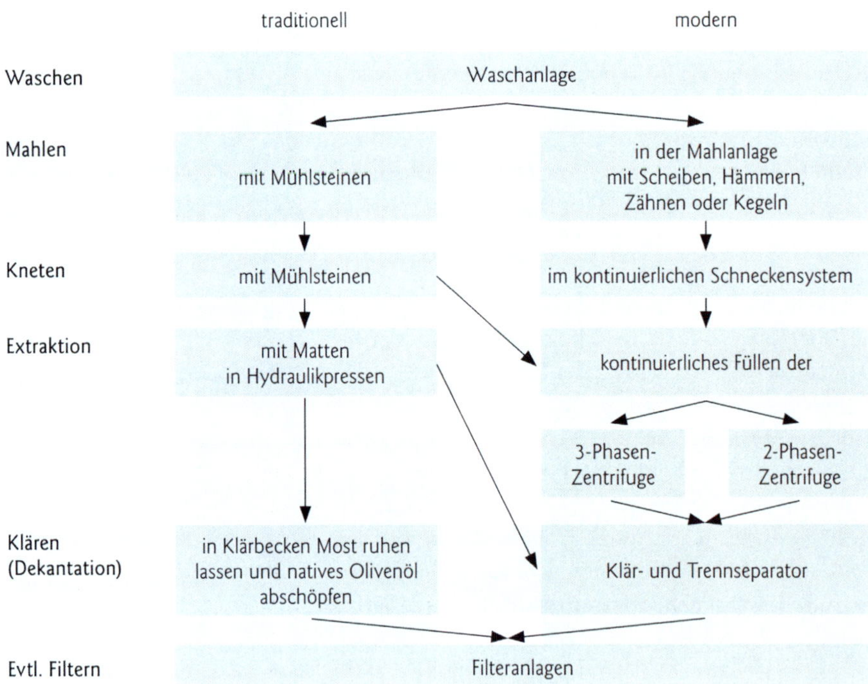

Natürlich hat jeder Olivenölproduzent seine eigenen Wünsche und Erkenntnisse und zieht das eine dem anderen System vor. Aus diesem Grund gibt es bei den Ölmühlen vielfältige Kombinationen der verschiedenen Methoden. Für die verschiedenen Verarbeitungsphasen werden entweder rein traditionelle Techniken, eine Kombination aus traditionellen und modernen Verfahren oder hochkomplizierte computergesteuerte Produktionsanlagen betrieben. Nicht selten finden sich in Ölmühlen Mühlsteine aus großen Granitblöcken, die mit modernen Zwei- oder Drei-Phasen-Zentrifugen kombiniert werden. Um den Wünschen der Olivenölproduzenten entsprechen zu können, werden von den Herstellern der Produktionsanlagen auch kombinierbare Komplettlösungen angeboten.

Die Vorteile der modernen Verarbeitungstechnologien liegen auf der Hand. Ihre umfangreichen Kapazitäten erlauben es, viel größere Mengen von nativem Olivenöl zu produzieren, während sie mit der erwähnten Erfahrung und Sorgfalt des Ölmüllers trotzdem eine sehr gute Qualität zu liefern vermögen!

Die Qualität des nativen Olivenöls ist primär abhängig von:

- der Qualität des Ausgangsprodukts, den Oliven
- der Geschwindigkeit bei ihrer Weiterverarbeitung
- der Gründlichkeit und Sorgfalt bei der Erzeugung
- der Erfahrung des Olivenölproduzenten

Dagegen ist die Wahl der angewandten Technik eher zweitrangig!

Die Modernisierungsbestrebungen lassen die Entwickler von neuen Olivenölproduktionseinheiten nicht ruhen. Durch das gestiegene Umweltbewusstsein entwickeln die Ingenieure immer neue Techniken, die einerseits ökologischer arbeiten und andererseits trotz noch größerer Kapazitäten eine einwandfreie Qualität garantieren.

Klassifizierungen

Olivenöl ist nicht gleich Olivenöl! Ähnlich wie bei den Weinen gibt es bei nativem Olivenöl eine Geschmacksvielfalt wie bei keinem anderen Speiseöl. Je nach Olivensorte, nach der Region, nach den Wetterbedingungen der jeweiligen Saison, ja sogar nach dem Stückchen Erde, auf dem der Baum steht, kann das Öl geschmacklich variieren. Der Reifegrad der Oliven zum Zeitpunkt der Ernte hat ebenfalls einen erheblichen Einfluss auf den Geschmack: Eine frühzeitige Ernte schon Anfang Oktober verleiht dem nativen Olivenöl einen sehr fruchtigen Geschmack. Es hat eine grünliche Farbe und duftet nach frisch geschnittenem Gras. Eine Ernte zwischen Mitte Oktober und Mitte Dezember liefert dagegen ein harmonisches, geschmacklich ausgewogenes natives Olivenöl. Die schwarzen, sehr reifen Oliven, die etwa ab Mitte Dezember geerntet werden, ergeben ein mildes, süßes, nach Mandeln schmeckendes Produkt. Natürlich sind diese Zeitpunkte nicht genau zu datieren, denn die Reifung der Olive richtet sich nach den Wetterbedingungen des gesamten Wachstumsjahres und lässt sich nur ungefähr vorherbestimmen.

Ein anderer wichtiger Aspekt für den Geschmack des nativen Olivenöls ist auch sein Alter. Frisch gepresstes natives Olivenöl hat einen sehr fruchtigen Geschmack und ist zum Teil noch ziemlich bitter. Man kann es in den Flaschen daran erkennen, dass es eine gelb-grünliche Farbe hat und noch naturtrüb ist. Natives Olivenöl, das über ein Jahr alt ist und als reif bezeichnet wird, ist auf natürliche Weise geklärt, denn durch die lange Lagerung setzen sich das Fruchtfleisch sowie noch verbliebenes Fruchtwasser auf dem Gefäßboden ab. Auch der Geschmack verändert sich während dieses Jahres. Das bittere, fruchtig-scharfe Aroma verliert sich und das Öl wird immer milder. Auch seine Farbe hat sich mittlerweile ins kräftige Goldgelb verändert und das Öl ist klar und durchsichtig geworden. Manchmal wird in den Geschäften gefiltertes natives Olivenöl angeboten. Doch die Bewohner Tunesiens und der anderen Olivenöl produzierenden Länder verwenden ausschließlich ungefiltertes Olivenöl. Wir sollten es ihnen gleichtun, denn sie verfügen über jahrhundertealte Erfahrung, die sich auch wissenschaftlich beweisen lässt. Durch das Filtern gehen nämlich wertvolle Trübstoffe und Fruchtfleischanteile und mit ihnen viele der gesundheitlich relevanten Inhaltsstoffe wie Phenole, Vitamine etc. verloren. Ist ein natives Olivenöl gefiltert, sollte dies auch auf dem Etikett gekennzeichnet werden.

Das native Olivenöl klärt sich während der Reifung auf natürliche Weise von selbst. Trübstoffe, Fruchtfleisch und restliches Fruchtwasser setzen sich mit der Zeit nach unten ab.

Während der Olivenölliebhaber das frische native Olivenöl wegen seines typischen fruchtig-herben Geschmacks insbesondere für frische Salate verwendet, ist es den meisten sicherlich gerade auch wegen dieses unverwechselbaren Aromas viel zu schade, um es zum Kochen oder Braten zu benutzen. Das »reife« Öl ist dagegen zu empfehlen, wenn man sich erst nach und nach mit dem fruchtigen, jedoch manchmal etwas bitteren Geschmack anfreunden muss. Außerdem kann das reifere native Olivenöl gut für die Zubereitung von Speisen verwendet werden, deren Eigengeschmack nicht überdeckt werden soll. Und eines ist gewiss: Frisches natives Olivenöl ist etwas Besonderes, eine Rarität.

Denn sobald das Öl die Ölmühle verlassen hat, beginnt es zu reifen. Zweifellos kann man im Juli / August kein frisches Olivenöl mehr im Handel finden, es sei denn, es kommt vom anderen Ende der Erde. Und auch das native Olivenöl zu Hause verändert sich selbst bei optimaler Lagerung langsam und stetig.

Ich empfehle eine kleine Köstlichkeit, die sich wirklich auszuprobieren lohnt, sobald wieder ganz frisches natives Olivenöl mit kräftiger grüner Farbe zu haben ist. Für die Bewohner TUNESIENS ist es immer etwas Besonderes, denn dies gibt es so nur in den Winter- und frühen Frühlingsmonaten. Das Rezept überrascht durch seine Einfachheit und seine geschmackliche Vielfalt.
Man gießt etwas frisches natives Olivenöl (grün, bitter und trüb) auf einen Teller und fügt einige Löffel guten, flüssigen Bienenhonig hinzu. Nun wird diese Mischung mit Weißbrot (Baguette oder weiße Brötchen) verzehrt, indem man beim Eintunken sowohl das Öl als auch den Honig mit dem Brot aufnimmt.
Dies ist ganz bestimmt eine neue Erfahrung für den Gaumen: herb und bitter, doch zugleich auch honigsüß!

Der Geschmack allein ist jedoch nicht ausschlaggebend für die Qualität eines Olivenöls. Bevor ein natives Olivenöl zur organoleptischen Prüfung, zur sogenannten Degustation oder Verkostung (Geschmack, Geruch und Farbe; siehe »sensorielle Analyse«) geht, werden in einer chemischen Prüfung 28 Parameter des chemisch-physikalischen Bereiches bestimmt, deren Höchst- bzw. Mindestwerte zur Erlangung der höchsten Güteklasse eingehalten werden müssen. Darüber hinaus muss in dieser chemischen Analyse der exakte prozentuale Anteil an freien Fettsäuren festgestellt werden. Je niedriger die Messzahl, desto besser ist die Qualität des nativen Olivenöls. Dieser Wert, auf Französisch nennt man ihn *acidité*, der den Anteil freier Fettsäuren, berechnet als Ölsäure, bestimmt, ist ein unbestechlicher Indikator für die Qualität eines nativen Olivenöls und zu einem großen Teil ausschlaggebend dafür, in welche Güteklasse sich ein natives Olivenöl einreihen darf. Allerdings kann der Geschmack durchaus qualitätsmindernd sein und ei-

Mit einfachen Geräten und einer Flasche Soda lässt sich sowohl im Labor als auch unterwegs der Ölsäuregehalt der Proben schnell bestimmen.

ne Abstufung verursachen. Denn nur ein natives Olivenöl, das in Geschmack, Geruch und Farbe einwandfrei ist, mit einem Anteil an freien Fettsäuren, der nicht höher als 0,8 Prozent sein darf, kann sich *natives Olivenöl extra* nennen. Außerdem darf dieses Olivenöl nicht unter Bedingungen gewonnen werden, die das Produkt verfälschen.

Während der Produktion von nativem Olivenöl dürfen neben Waschen, Klären und Zentrifugieren keine anderen Prozesse herangezogen werden. **Natives Olivenöl ist das *einzige* Fett, das absolut naturrein ist** und aus der einfachen Pressung der Frucht ohne chemische oder sonstige Zusätze gewonnen wird. Andere pflanzliche Öle, wie das Sonnenblumenöl, werden durch Extraktion mit Lösungsmitteln, in der Regel Stoffe wie Äther, Butan oder Hexan, produziert.

Die Olivenöle werden nach den neuesten EU-Richtlinien aus dem Jahr 2003 folgendermaßen definiert und benannt:

Natives Olivenöl extra (*huile d'olive vierge extra*)

Ein Olivenöl, das so bezeichnet werden darf, muss absolut einwandfrei in Geschmack, Geruch und Farbe sein. Der Geschmack ist »fruchtig« (franz. *fruité*). Der Anteil an freien Fettsäuren darf nicht höher als 0,8 Prozent liegen. Native Olivenöle dürfen außer dem Waschen, Klären und Zentrifugieren keinem Prozess unterzogen werden, welcher das Olivenöl verfälschen könnte. Viele *native Olivenöle extra* sind Öle der absoluten Spitzenklasse, die einen Säuregehalt von nur 0,2 oder 0,3 Prozent haben. Seit Inkrafttreten der neuesten EU-Richtlinien ist es den Erzeugern glücklicherweise erlaubt, den Gehalt an freien Fettsäuren auf dem Etikett anzugeben, sofern auch verschiedene andere chemische Parameter aufgeführt sind (siehe »Etikett«).

Natives Olivenöl (*huile d'olive vierge*)

Dieses Öl ist genau wie das *native Olivenöl extra* in Geschmack, Geruch und Farbe einwandfrei. Der Geschmack ist auch bei diesen Öl »fruchtig«. Bei dieser Kategorie liegt der erlaubte Anteil an freien Fettsäuren über 0,8 Prozent, darf aber die Zwei-Prozent-Marke nicht übersteigen. Die Bezeichnung »feines Olivenöl« ist ebenfalls zulässig.

Raffiniertes Olivenöl (*huile d'olive raffinée*)

Hierbei handelt es sich um ein Olivenöl, das durch die Raffination von nativem Olivenöl (»lampante«) erzeugt wird, welches wegen seines Ölsäuregehaltes

(> 2,0 Prozent) und / oder wegen organoleptischer Fehler (siehe »Degustation«) zum sofortigen Verzehr durch den Menschen nicht geeignet ist. Diese Fehler werden bei der Raffination durch nicht gerade appetitlich klingende Prozesse wie die Entlecithinierung, Entschleimung, Entsäuerung, Bleichung und Desodorierung eliminiert. Ziel ist es, alles aus dem Olivenöl zu entfernen, was nicht reines Öl ist. Dies bedeutet aber auch, dass nicht nur die unerwünschten Schadstoffe aus dem Olivenöl verschwinden, sondern auch die Geruchs- und Geschmacksstoffe sowie die essentiellen Vitamine und gesundheitlich wertvollen sekundären Pflanzenstoffe. Da das raffinierte Olivenöl geschmacksneutral gemacht wurde, wird es nach der Raffination mit nativem Olivenöl gemischt, um ihm wieder das unverwechselbare Aroma eines Olivenöls zu geben. Weil außerdem auch die freien Fettsäuren bei der Raffination entfernt werden, liegt der Grenzwert beim raffinierten Olivenöl bei 0,3 Prozent. Darüber hinaus entstehen durch die hohen Temperaturen während der Raffination bis zu drei Prozent neuartige Stoffe, die in natürlichen Fetten gar nicht vorkommen.

Olivenöl (*huile d'olive*)

Das »Olivenöl« wird, wie oben erwähnt, durch die Mischung (*coupage / blending*) von raffiniertem und nativem Olivenöl gewonnen. Wegen des sehr niedrigen Grenzwertes für freie Fettsäuren beim raffinierten Olivenöl darf der Ölsäuregehalt des »Olivenöls« nicht größer als 1,0 Prozent sein. Leider darf sich das durch die Erhitzung bei der Raffination veränderte raffinierte Olivenöl schon nach einer Beimischung von *nur* einem Prozent nativen Olivenöls »Olivenöl« nennen. Die Verwendung des Begriffes »reines Olivenöl« ist auch zulässig.

ACHTUNG: Der Name Olivenöl oder *huile d'olive* suggeriert, dass es sich um Öl aus Oliven handelt. Das stimmt aber nicht! »Olivenöl« wird nicht direkt aus Oliven, sondern durch Raffinieren und Rektifizieren aus dem für den menschlichen Verzehr nicht zugelassenen Lampantöl gewonnen.

Oliventresteröl (*huile de grignons d'olive*)

Hier handelt es sich ebenfalls um eine Mischung! Öl, das sich aus den beim Pressen übrig gebliebenen Olivenresten, dem Trester, nicht mehr mittels mechanischer Prozesse gewinnen lässt, wird durch Extraktion mit Lösungsmitteln, heute Hexan, seltener Trichloräthylen, aus dem Ölkuchen herausgeholt. Das so gewonnene Oliventresteröl wird zur Geschmacksverbesserung mit geringen Mengen nativen Olivenöls gemischt. Der Anteil an freien Fettsäuren darf auf keinen Fall höher als 1,0 Prozent liegen und diese Mischung muss außerdem unbedingt als Tresteröl gekennzeichnet sein.

Natives Olivenöl extra

- ist absolut **einwandfrei** in Geschmack, Geruch und Farbe
- hat einen Anteil an freien Fettsäuren von max. **0,8%** (0,8g pro 100g)
- wird **nur** durch mechanische und natürliche Methoden aus Oliven gewonnen (ohne chemische Behandlung oder Erhitzung)

Natives Olivenöl

- ist ebenso **einwandfrei** in Geschmack, Geruch und Farbe
- hat aber einen Anteil an freien Fettsäuren von bis zu max. **2,0%** (2g pro 100g)
- wird ebenfalls **nur** durch mechanische und natürliche Methoden gewonnen

Olivenöl

- ist eine **Mischung** aus raffiniertem und daher geschmacklosem Olivenöl und geringen Mengen nativen Olivenöls
- hat einen Anteil an freien Fettsäuren von max. **1,0%** (1 g pro 100g)

Oliventresteröl

- ist eine **Mischung** aus durch chemische Extraktion von Oliventrester gewonnenem Öl und geringen Mengen nativen Olivenöls
- hat ebenfalls einen Anteil an freien Fettsäuren von max. **1,0%** (1 g pro 100g)

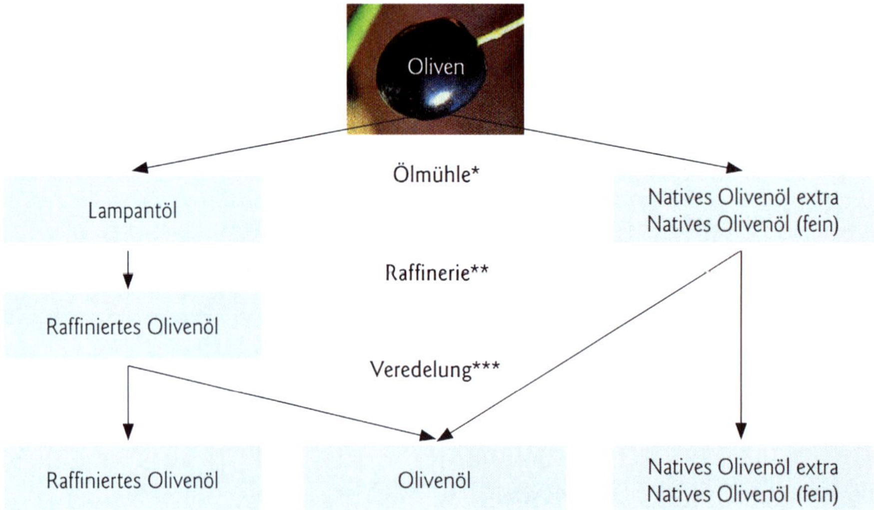

* Bei Verlassen der Ölpresse entscheiden vor allem der Anteil an freien Fettsäuren, aber auch der Geschmack, der Geruch und die Farbe, in welche Kategorie sich das neu gewonnene Olivenöl einreihen darf.

** Das schlechte Lampantöl ist wegen seines hohen Anteils an freien Fettsäuren und/oder seiner organoleptischen Fehler direkt nach der Herstellung ungenießbar. Erst durch die Raffination eignet es sich zum Verzehr.

*** Wegen der großen Hitze bei der Raffination verliert raffiniertes Olivenöl jeglichen Geschmack. Erst nach der Mischung (franz. *coupage*, engl. *blending*) mit einem nativen Olivenöl erhält es wieder den unverwechselbaren Geschmack eines nativen Olivenöls.

Um als biologisches Olivenöl anerkannt zu werden, muss das Produkt neben der organoleptischen Prüfung, der Bestimmung des Ölsäuregehalts und der anderen Parameter, die zur qualitativen Einstufung nativer Olivenöle vorgesehen sind, genau wie andere landwirtschaftliche Erzeugnisse noch weiteren sehr strengen Auflagen genügen, die vor allem den biologischen Anbau der Oliven regeln. Diese Auflagen werden von verschiedenen Organisationen wie Ecocert für Europa und NOP für die USA bestimmt und regelmäßig kontrolliert.

In Tunesien wird es voraussichtlich immer größere Mengen von zertifiziertem biologischem Olivenöl geben, da aufgrund des mangelnden landwirtschaftlichen Fortschritts ein großer Teil der tunesischen Ölbäume bis heute ohnehin ohne chemische Düngemittel kultiviert wird. Wegen der exponierten geografischen Lage Tunesiens sind auch keine Pflanzenschutzmittel oder andere Gifte nötig. Daher ist in vielen Fällen die Zertifizierung eines ökologischen Anbaus innerhalb relativ kurzer Zeit möglich.

Etwa 84 Prozent der tunesischen Olivenplantagen sind kleiner als fünf Hektar. Ihre Besitzer verfügen weder über das technische Know-how noch über die finanziellen Mittel, die Olivenbäume mit modernen landwirtschaftlichen Mitteln zu behandeln. Sie sehen auch keine Notwendigkeit dazu und wollen ihre Gärten lieber traditionell nach den alten überlieferten Verfahren bewirtschaften. Sogar der Baumschnitt wird in Tunesien ausschließlich mit einfachen Handsägen durchgeführt, sodass es hier nicht zu einer Bodenbelastung durch herabtropfendes Motoren- oder Schmieröl von Kettensägen kommen kann.

Die biologisch zertifizierten Olivenhaine Tunesiens umfassen bereits eine Fläche von 80 015,56 Hektar und erzeugten in der Saison 2005/06 etwa acht Prozent des in Tunesien produzierten Olivenöls. Aus obengenannten Gründen ist daher zu erwarten, dass in Tunesien die Zahl der Produzenten, die eine offizielle Anerkennung für biologisches Olivenöl beantragen und bescheinigt bekommen werden, rasch stetig steigen wird.

Dieser gepflegte, aber dennoch wilde Olivenbaum wächst, umgeben von wildem Rosmarin und Wacholder, am Fuße des Berges im Bio-Olivenhain Ksar-Ezzit.

Mit dem Kauf von biologischem Olivenöl sorgt der Verbraucher nicht nur dafür, dass er ein chemiefreies Produkt auf den Tisch bekommt, sondern er unterstützt damit auch die Erhaltung ökologisch wertvoller Oasen!

Etikett

Auf dem Etikett sind einige wichtige Informationen festgehalten, die eine Vorauswahl wesentlich erleichtern. Die Kategorie des Olivenöls, beispielsweise *natives Olivenöl extra*, und somit dessen Qualität, ist sicherlich das wichtigste Merkmal auf dem Etikett und darum auch deutlich hervorgehoben. Folgende vier Kategorien sind als Handelsbezeichnung innerhalb der Europäischen Union verbindlich vorgeschrieben:

Natives Olivenöl extra	französisch:	*huile d'olive vierge extra;* hier handelt es sich um die erste Güteklasse
Natives Olivenöl	französisch:	*huile d'olive vierge*
Olivenöl	französisch:	*huile d'olive*
Oliventresteröl	französisch:	*huile de grignons d'olive*

Eine Angabe des *Säuregehaltes*, um beispielsweise auf einen sehr niedrigen Säuregehalt hinzuweisen, ist nach den neuesten Regelungen der Europäischen Union seit 2003 zulässig, sofern daneben auch der *Gehalt an Peroxyden*, der *Wachse* und der *Extinktionskoeffizient* angegeben werden. Dies ist eine sehr lobenswerte Neuerung, da dem interessierten Verbraucher auf diese Weise weitere Entscheidungshilfen an die Hand gegeben werden.

Wenn der *Anteil an freien Fettsäuren* auf dem Etikett ausdrücklich hervorgehoben wird und sofern er sehr niedrig ist (0,3 bis max. 0,5 Prozent), dann kann man wirklich ein ausgezeichnetes *natives Olivenöl extra* erwarten. Ein Anteil an freien Fettsäuren von weniger als 0,3 Prozent deutet auf eine hervorragende Olivenqualität hin. In verletzten, zu lange gelagerten oder schimmeligen Oliven erhöht sich der Anteil an freien Fettsäuren sofort.
Die *Peroxydzahl* gibt Aufschluss über den Konservierungszustand eines nativen Olivenöls. Auch die Peroxydzahl hängt von der Qualität der Oliven ab, sie informiert aber in erster Linie darüber, wie das native Olivenöl gelagert wurde. Sie ist ein Maß für den Oxidationszustand der inhaltlichen Substanzen. Unmittelbar nach der Ernte liegt der Wert zwischen 5 und 6, im Laufe eines Jahres kann er trotz optimaler Lagerung auf bis zu 10 ansteigen. Mehr als 12 sollte ein Qualitätsöl aber nicht haben.
Die *Wachse*, die eine Schutzschicht auf der Schale der Olive bilden, gehen beim Pressen teilweise in das native Olivenöl über. Native Olivenöle dürfen daher bis zu 250 mg/kg davon enthalten. Höhere Gehalte werden in extrahierten Olivenölen gefunden, da durch das Extraktionsmittel mehr Wachse gelöst werden. Diese Methode eignet sich daher bedingt zum Nachweis von Tresterölen in nativen Olivenölen.

Über den *Extinktionskoeffizienten* werden die spezifischen Extinktionen K232, K270 und ΔK bestimmt. Bei dieser UV-spektrophotometrischen Analyse werden die verschiedenen Oxidationsprodukte erfasst. Diese Methodik ist sehr unspezifisch, gibt aber dem Fachmann einen Eindruck über die Frische des nativen Olivenöls.

Außerdem ist erlaubt, auf organoleptische, also sensorische Eigenschaften bezüglich des Geschmacks hinzuweisen. Hierbei sind die Attribute aus der organoleptischen Prüfung *fruchtig*, *bitter* und *scharf* erlaubt sowie Zusätze wie *schwach fruchtig* oder *leicht bitter*.

Einige Produzenten vermerken auf ihrem Etikett, ob es sich um gefiltertes oder ungefiltertes natives Olivenöl handelt. Ungefiltertes Öl ist unbedingt dem gefilterten vorzuziehen, da durch das Filtern wertvolle Inhalts- und Geschmackstoffe verloren gehen.

Darüber hinaus findet man auf vielen Etiketten den Zusatz *kaltgepresst* und sogar *aus erster Pressung* oder Ähnliches. Dies sind Informationen, auf die bis zum Inkrafttreten der neuen EU-Verordnung gut verzichtet werden konnte. Bei der heutigen Technik sind alle nativen Olivenöle aus dem ersten und einzigen Pressvorgang und es galten alle als kaltgepresst. Nach der neuen Verordnung ist aber die Angabe *erste Kaltpressung* nur noch dann zulässig, wenn das Olivenöl durch eine mechanische Pressung bei höchstens 27 Grad Celsius in einem traditionellen Extraktionssystem gewonnen wurde. Ebenso darf die Angabe *Kaltextraktion* nur verwendet werden, wenn das Olivenöl durch Perkolation oder Zentrifugieren bei höchstens 27 Grad gewonnen wurde.

»Kalt« muss man bei der Gewinnung von Olivenöl als Gegensatz zu »heiß« verstehen. Es bedeutet in der Praxis eine Temperatur von bis zu 27 Grad Celsius.

Sollte kein *Produktionsdatum* zu finden sein, so gibt das *Mindesthaltbarkeitsdatum* darüber Aufschluss, da dies in der Regel zwei Jahre nach dem Zeitpunkt der Herstellung liegt. Mit dieser Information lässt sich der ungefähre Reifegrad des Olivenöles feststellen. Natürlich darf auch die *Nettofüllmenge* nicht fehlen.

Native Olivenöle aus biologischem Anbau sind groß im Kommen. Handelt es sich um ein biologisches Olivenöl, sollte dies mit einem Hinweis auf die kontrollierende Institution, z.B. Ecocert für Europa oder NOP für die USA, auf dem Etikett vermerkt sein.

Steht auf dem Etikett *Produziert und abgefüllt in* … (z.B. Italien), so ist für den Verbraucher nicht einwandfrei ersichtlich, aus welchem Land die Oliven oder das Olivenöl tatsächlich stammen. Große Handelsmarken können ihr Olivenöl zu sehr moderaten Preisen in den Handel bringen, weil sie primär keine Produzenten sind, sondern das Olivenöl in verschiedenen Ländern und Regionen einkaufen. Dieses wird anschließend gemischt und es entsteht eine *Coupage* (ein *Blending*), denn anders können über die Jahre hinweg kein unveränderter Geschmack und keine gleichbleibende Qualität gewährleistet werden. Dagegen ist nichts einzuwenden. Diese Praxis ist unter Branchenkennern insbesondere für die italienische Olivenölindustrie bekannt. Der Eigenverbrauch in Italien und der Export von sogenanntem »italienischem« Olivenöl übersteigen die heimische Olivenölproduktion um ein Vielfaches. Wegen seiner hervorragenden Qualität genießt das tunesische Olivenöl unter den Einkäufern der großen Marken einen sehr guten Ruf.

Aber es gibt die Möglichkeit, sich Klarheit zu verschaffen. Ähnlich wie beim Wein können die Olivenölproduzenten Europas auf dem Etikett mit dem Qualitätssiegel *AOC* (Appelation d'Origine contrôlée) für Frankreich, *DOC* (Denominazione di origine controllata) für Italien und *DO* (Denominación de Origen) für Spanien auf die kontrollierte Herkunft des Ausgangsproduktes verweisen. Für Tunesien ist dies in Zukunft auch vorgesehen. Das tunesische Landwirtschaftsministerium gab gerade eine Untersuchung in Auftrag, um die einzelnen Kriterien und Charakteristiken eines AOC Olivenöls aus Tunesien festzulegen. Eine Ursprungsangabe darf nach EU-Recht für native Olivenöle in der Etikettierung enthalten sein, wenn dieses zu mindestens 75 Prozent den gleichen Ursprung hat. Bei anderen Olivenölkategorien ist die Ursprungsangabe nicht zulässig. *Produziert und abgefüllt für …* benennt nicht unbedingt die eigentliche Herkunft des Olivenöles, sondern lediglich den Vertreiber.

Zu guter Letzt muss sich auf dem Etikett noch der *Name des Produzenten oder des Abfüllers* sowie *Made in …* oder *Product of …* befinden.

Angaben auf dem Etikett (obligatorisch, *zulässig*)
Kategorie (z. B. *natives Olivenöl* extra)
fruchtig, scharf, bitter
erste Kaltpressung
gefiltert/ungefiltert
biologisch
zertifiziert von (z. B. Ecocert, NOP, Bio Suisse, Bio Japan)
Werte der chemischen Analyse:
Anteil an freien Fettsäuren, Peroxydzahl, Wachse, Extinktionskoeffizient
Hersteller/Abfüller
Nettofüllmenge
Mindesthaltbarkeit oder Produktionsdatum
Made in …/Product of …

Organoleptische Prüfung – sensorielle Analyse

Die Qualität eines nativen Olivenöls zeichnet sich nicht nur durch seinen objektiv messbaren Anteil an freien Fettsäuren sowie durch die Werte der anderen 28 chemisch-physikalischen Parameter aus, die in Laboruntersuchungen bestimmt werden, sondern sie wird natürlich auch ganz entscheidend durch seine geschmacklichen Charakteristika beeinflusst. Natives Olivenöl ist ein natürliches, unverfälschtes und lebendiges Nahrungsmittel, das gegen Verunreinigung und unangemessene Handhabung empfindlich reagiert und Gerüche schnell annimmt. In vielen Ölmühlen ist aus diesem Grund sogar das Rauchen innerhalb der Produktions- und Lagerräume streng verboten. Da die Laboruntersuchungen über geschmackliche Mängel oder mangelndes Aroma keinen Aufschluss geben können, bildet die Verkostung eine notwendige Ergänzung der chemischen Analyse.

Natives Olivenöl ist das erste Lebensmittelprodukt, für dessen Klassifizierung die Verkostung durch eine Expertengruppe ausschlaggebend ist. Nur native Olivenöle werden sensorisch untersucht!

Die für die organoleptische Bewertung von nativem Olivenöl zuständigen sensorischen Prüfer, sogenannte Degustatoren oder Verkoster, werden nach ihrer Eignung ausgewählt und geschult, ähnliche Proben voneinander zu unterscheiden und so den Standards des Internationalen Olivenölrates (COI) zu entsprechen. Die Verkoster sind außerdem verpflichtet, sich an den auf nationaler oder internationaler Ebene vorgesehenen organoleptischen Bewertungen zur regelmäßigen Kontrolle und zur Harmonisierung der Wahrnehmungskriterien zu beteiligen. Sie rauchen meist nicht, vermeiden scharfe Speisen und gehen auch selten in Restaurants, um sich ihr kostbares Handwerkszeug, nämlich die Riech- und Geschmacksnerven, nicht zu ruinieren.

So weit braucht man als Laie sicherlich nicht zu gehen! Dennoch ist es interessant zu wissen, wie und nach welchen Kriterien die professionellen Verkoster degustieren. Und auch hier gilt wie so oft: Übung macht den Meister! Die Fähigkeit, ein Olivenöl zu verkosten, und die Präzision dabei verbessern sich mit der Erfahrung.

Eine professionelle Degustation findet in einem großen Prüfraum mit einzelnen Kabinen statt, in denen sich die Degustatoren abgeschirmt von allen störenden Umwelteinflüssen auf ihre Sinne konzentrieren können. Eine Prüfergruppe setzt sich aus acht bis zwölf sensorischen Prüfern zusammen. Die Proben werden ihnen in verschlossenen und mit einem unbekannten Code

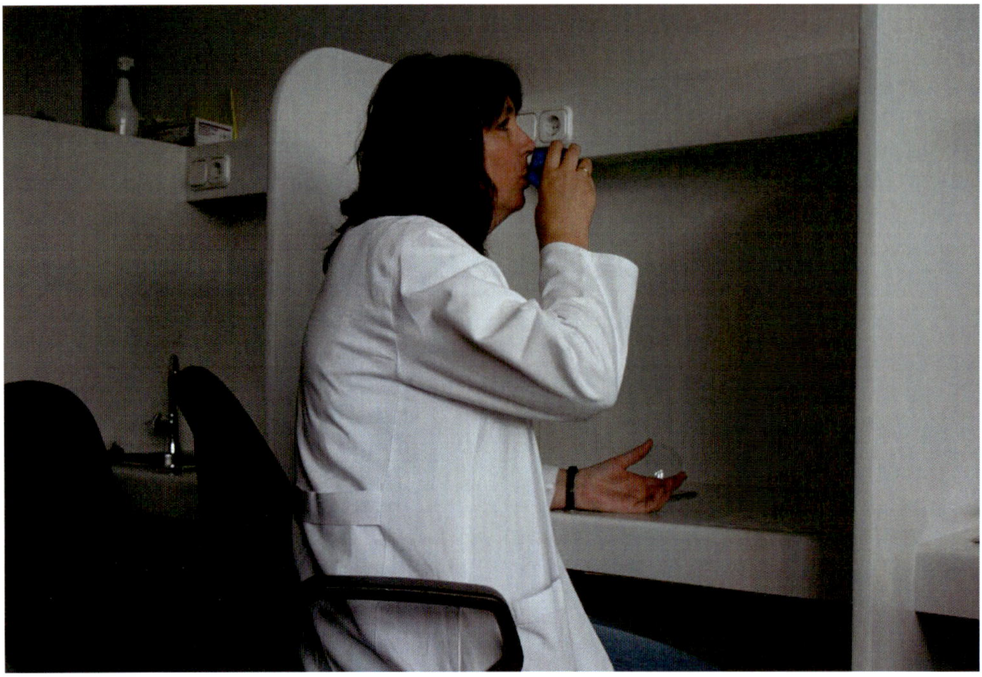

Eine professionelle Degustierkabine sollte mit der Profilbeschreibung und den Proben sowie Mineralwasser und Apfelstücken ausgestattet sein.

versehenen Gläsern hereingereicht. Dabei müssen die Proben in den Gläsern eine Temperatur von 28 Grad Celsius (+/– 2 Grad) haben. Die optimale Zeit für die Degustation liegt in den Morgenstunden. Den Prüfern wird empfohlen, mindestens eine Stunde vor einer offiziellen Degustation nichts mehr zu essen und auch keine Parfums, Seifen oder andere Kosmetika zu benutzen, die während der Verkostung das Ergebnis empfindlich beeinträchtigen könnten.

Jeder zur Prüfgruppe gehörende Prüfer muss das im Prüfglas befindliche Öl zunächst riechen und danach verkosten, um einen Gesamteindruck aus Geruchs-, Geschmacks- sowie taktilen Empfindungen gewinnen und analysieren zu können. Die Intensität der Wahrnehmung jedes negativen und positiven Attributs ist in der Profilbeschreibung einzutragen. Die Farbe ist für die offizielle Klassifizierung unbedeutend und wird nicht berücksichtigt. Aus diesem Grund sind auch die Verkostungsgläser in Farbtönen von rostbraun bis kobaltblau eingefärbt.

Verkostungsgläser sind immer von rostbraun bis kobaltblau eingefärbt und mit einem geruchsneutralen Deckel versehen.

Die praktische Prüfung gestaltet sich nun folgendermaßen: Das Glas wird komplett herumgedreht, um die gesamte Innenfläche mit dem Öl zu benetzen. Nun lüftet der Prüfer in Nasenhöhe den Deckel und nimmt ein paar langsame und tiefe Atemzüge, wobei er nicht länger als 30 Sekunden riechen darf. Anschließend nimmt er einen kleinen Schluck von ca. drei Milliliter. Dabei ist es sehr wichtig, dass der Verkoster das Öl im ganzen Mundinnenraum verteilt und auch die seitlichen und hinteren Partien nicht auslässt, denn es ist allgemein bekannt, dass die vier fundamentalen Geschmacksrichtungen (süß, salzig, sauer und bitter) mit einer unterschiedlichen Intensität empfunden werden, je nachdem, auf welche Zone der Zunge, des Gaumens oder des Rachens sie treffen. Mit kurzen, aufeinanderfolgenden Atemzügen mit dem Mund wird nun nicht nur erreicht, dass sich das Öl erneut in der ganzen Mundhöhle verteilt, sondern es werden gleichzeitig die verschiedenen flüchtigen Aromen durch das retronasale System aufgenommen.

Um sich auf die nächste Probe vorzubereiten, wird empfohlen, ein kleines

Stück Apfel von etwa 15 Gramm zu kauen und sich anschließend den Mund mit etwas Wasser zu spülen. Die folgende Verkostung sollte erst nach einer Pause von 15 Minuten durchgeführt werden.

Da das native Olivenöl aus natürlichen Früchten gewonnen wird, liefert es je nach Qualität der Oliven – ob sie gesund und frisch, grün oder reif, lange gelagert oder unter guten Konditionen verarbeitet wurden – eine Fülle von Geruchseindrücken. Dieser Sinneseindruck nennt sich »Fruchtigkeit« (*le fruité*).

Neben dem Begriff **fruchtig** (*fruité*) werden nur noch die zwei Begriffe **bitter** (*amer*) und **scharf** (*piquant*) als positive Attribute vom Internationalen Olivenölrat (*COI – Conseil Oléicole International)* bei der Bewertung der organoleptischen Merkmale von nativem Olivenöl anerkannt.

Es mag überraschen, dass Schärfe und Bitterkeit wichtige und unverzichtbare Qualitätsmerkmale sind. Ein *natives Olivenöl extra*, das nicht deutlich pikant oder scharf schmeckt, erhält in jeder professionellen Verkostung Abzüge.

Die Europäische Union empfiehlt, sich für die allgemeinen Grundbegriffe, den Prüfraum, die grundlegende Verfahrensweise und das Prüfglas an die entsprechenden Vorgaben des Internationalen Olivenölrates zu halten. Auch bei dem Formular der Profilbeschreibung, auf dem der Prüfer seine Eindrücke festhält, sowie bei den Attributen hält sich die Europäische Union streng an die Vorgaben des *COI*.

Profilbeschreibung
(zur Verwendung durch den Prüfer)

Wahrnehmung der Mängel — **Intensität**

Stichig ————————→
Modrig-feucht ————————→
Weinartig/essigartig ————————→
Schlammig ————————→
Metallisch ————————→
Ranzig ————————→
Sonstige (anzugeben) ————————→

Wahrnehmung der positiven Attribute

Fruchtig ————————→
Bitter ————————→
Scharf ————————→

Name des Prüfers — Code-Nr. der Probe

Datum

Diese Profilbeschreibung wird von den zuständigen sensorischen Prüfern benutzt. Die Intensität der wahrgenommenen Merkmale wird auf einer Skala von 0 bis 10 ausgedrückt, wobei der Wert 0 die totale Abwesenheit und der Wert 10 eine extreme Intensität wiedergeben. Aus den hier festgehaltenen Prüfergebnissen wird die entsprechende Einstufung des nativen Olivenöls vorgenommen. Aber nicht der einzelne Prüfer stellt die Kategorie des nativen Olivenöles fest, vielmehr ergibt sich diese durch die Auswertung aller acht bis zwölf Prüfungsergebnisse durch den Panelleiter.

Dies sind die spezifischen Begriffe für die Beurteilung:

Positive Attribute

Fruchtig: Gesamtheit der unmittelbar oder retronasal wahrgenommenen Geruchsempfindungen eines Öls aus gesunden und frischen grünen oder reifen Früchten; *fruchtig nach grünen Früchten, fruchtig nach reifen Früchten*.

Bitter: typischer Geschmack eines Öles, das aus grünen oder grünlichen Oliven gewonnen wurde.

Scharf: ein taktil empfundenes Prickeln, charakteristisch für Öle, die zu Beginn der Ernte hauptsächlich aus noch grünen Oliven produziert werden.

Negative Attribute

Es gibt zwei Listen von negativen Attributen.

Folgende negative Eigenschaften, die bei nativem Olivenöl häufiger auftreten, sind im Prüfungsprofil des Verkosters aufgeführt:

Stichig: typischer Geschmack bei Öl aus Oliven in einem Zustand fortgeschrittener Gärung, weil sie nicht schnell genug verarbeitet wurden.

Modrig-feucht: charakteristischer Geschmack eines Öles aus Oliven, die aufgrund einer tagelangen feuchten Lagerung von Schimmel- und Hefepilzen befallen waren.

Schlammig: typischer Geschmack eines Öles, das mit Dekantierschlamm in den Becken oder Fässern in Kontakt war.

Wein- oder essigartig: typischer an Wein oder Essig erinnernder Geschmack bestimmter Öle, in erster Linie bedingt durch einen Gärungsprozess der Oliven, bei dem Essigsäure, Ethylacetat und Ethanol entstehen.

Metallisch: an Metall erinnernder Geschmack, typisch für Öl, das beim Vermahlen, Schlagen, Pressen oder Lagern lange mit Metallflächen in Kontakt stand.

Ranzig: Geschmack von oxidierten Ölen.

Die folgenden Attribute können vom Prüfer auf der Profilbeschreibung unter »Sonstige« aufgeführt werden:

Brandig oder erhitzt: typischer Geschmack aufgrund einer übermäßigen und/oder zu langen Erwärmung bei der Ölgewinnung, insbesondere durch unsachgemäße Wärmebehandlung bei der Herstellung des Olivenbreis.

Heuartig-holzig: typischer Geschmack, der von trockenen Oliven herrührt.

Roh: Bezeichnung für Öl, das im Mund einen dickflüssigen, pastösen Sinneseindruck hinterlässt.

Schmierölartig: Geschmack, der an Dieseltreibstoff, Fett oder Mineralöl erinnert.

Fruchtwasserartig: Geschmack bei Ölen, der durch längeren Kontakt mit Fruchtwasser entsteht.

Lakig: Geschmack bei Ölen aus Oliven, die in Salzlake aufbewahrt wurden.

Espartograsartig: typischer Geschmack bei Ölen aus Oliven, die mithilfe neuer Espartograsmatten gepresst wurden. Dieses Aroma kann in verschiedenen Nuancen auftreten, je nachdem, ob Matten aus grünem oder trockenem Espartogras verwendet wurden.
Erdig: Geschmack, der von anhaftender Erde oder Schlamm bei ungewaschenen Oliven herrührt.
Wurmstichig: Geschmack bei Ölen aus Oliven mit starkem Befall von Larven der Olivenfliege.
Gurkenartig: Geschmack, der von zu langem Lagern in luftdichten Behältnissen, insbesondere Weißblechdosen, und dem dadurch entstehenden 2,6-Nonadienal herrührt.

Einstufung anhand der Ergebnisse der organoleptischen Prüfung

Wie schon im Kapitel »Klassifizierungen« erläutert, führen nicht allein die Ergebnisse der chemischen Analyse zu einer qualitativen Einstufung. Ein Olivenöl, das normalerweise mit einem Anteil freier Fettsäuren kleiner oder gleich 0,8 Prozent als *natives Olivenöl extra* klassifiziert werden müsste, muss bei einem geschmacklichen Mangel abgestuft und als *natives Olivenöl* bzw. bei gravierenden Mängeln als *Lampantöl* bezeichnet werden.

Das Olivenöl wird entsprechend des Medians (Zentralwert) der festgestellten Mängel und des Medians des Attributes »fruchtig« unter den nachstehenden Bezeichnungen eingestuft. Unter Median der Mängel wird der Median des am intensivsten wahrgenommenen negativen Attributs verstanden. Der Median entspricht bei einer ungeraden Zahl von Werten in nach ihrer Größe geordneten Folge dem zentralen Wert und bei einer geraden Zahl von Werten dem Durchschnittswert der beiden zentralen Werte. (Beispiel: Werte von 1 bis 5 → Median von 3; Werte von 1 bis 6 → Median von 3,5)

Natives Olivenöl extra: Der Median der Mängel ist 0 und der Median des Attributs »fruchtig« ist größer als 0.
Natives Olivenöl: Der Median der Mängel ist größer als 0 und kleiner als oder gleich 2,5 und der Median des Attributs »fruchtig« ist größer als 0.
Lampantöl: Der Median der Mängel ist größer als 2,5 bzw. dieser ist kleiner oder gleich 2,5 und der Median des Attributs »fruchtig« ist 0.

Für die Länder außerhalb der Europäischen Union gelten die geringfügig abweichenden Grenzwerte sowie zusätzlich noch die beiden Kategorien *gewöhnliches natives Olivenöl* und *natives Lampantöl* des Internationalen Olivenölrates (*COI*), die auch in der Europäischen Union gültig waren. Mit Wirkung vom 1. November 2003 gelten innerhalb der Europäischen Union (Verordnung 01/1513) nur die in folgender Tabelle beschriebenen neuen Grenzwerte und Kategorien.

Kategorie	Gehalt an freien Fettsäuren (%)	Sensorische Prüfung Fehlermedian (Md)	Sensorische Prüfung Fruchtigkeitsmedian (Mf)
Natives Olivenöl extra	≤ 0,8 % EU	Md = 0	Mf > 0
Natives Olivenöl	≤ 2,0 %	0 < Md ≤ 2,5	Mf > 0
Lampantöl	> 2,0 %	2,5 < Md Md ≤ 2,5	Mf = 0
Raffiniertes Olivenöl *	≤ 0,3 %	Akzeptabel	
Olivenöl	≤ 1,0 %	Gut	
Raffiniertes Oliventresteröl *	≤ 0,3 %	Akzeptabel	
Oliventresteröl	≤ 1,0 %	Gut	

* Der niedrigere Grenzwert für die Raffinate und deren Mischungen ist dadurch begründet, dass die freien Fettsäuren bei der Raffination entfernt werden.

Wie erkenne ich gutes Olivenöl?

Aufgrund seiner Naturbelassenheit variiert das native Olivenöl in Geschmack und Farbe je nach Jahrgang, Standort und Klima. Aus diesem Grund kann an dieser Stelle nicht *das* beste native Olivenöl empfohlen werden. Es kann jedoch aufgezeigt werden, wie und woran ein qualitativ hochwertiges Olivenöl zu erkennen ist und wie das für jeden Geschmack oder Anlass schmackhafteste gefunden werden kann.

Bekannte Marken, die in großen Mengen verkauft werden, müssen jedes Jahr ein natives Olivenöl mit einem annähernd gleichbleibenden Geschmack liefern. Um diese Kontinuität zu gewährleisten, werden verschiedene native Olivenöle unterschiedlicher Qualität miteinander vermischt (*blending / coupage*). Meist wird ein natives oder raffiniertes Olivenöl mit einem sehr guten *nativen Olivenöl extra* geschmacklich veredelt. Aus dieser Praxis resultiert auch der niedrige Preis, jedoch müssen solche Olivenöle nicht minderwertig sein.

Im Gegensatz dazu ist ein entsprechend teures *natives Olivenöl extra* in der Regel nicht gemischt und kommt aus einer einzigen Mühle, ja sogar manchmal aus einem einzigen Olivenhain. So ist der Preis oft auch ein Indikator für qualitativ hochwertiges natives Olivenöl – aber leider nur auf den ersten Blick! Man kann bei der Wahl auch Pech haben, denn ein teures natives Olivenöl muss nicht unbedingt gut sein. Aber man kann mit Sicherheit davon ausgehen, dass ein billiges natives Olivenöl nicht außergewöhnlich gut sein kann. Dafür sind einfach die Produktionskosten, vor allem für die Ernte, viel zu hoch.

Ein außergewöhnlich hoher »Apothekenpreis« ist aber meist auch nicht zu rechtfertigen. Einschränkungen müssen hier allerdings gemacht werden: Bei dem bereits erwähnten Tropföl (arab. *Ndhuh*) beispielsweise, das ohne mechanische Mittel einzig und allein durch das Eigengewicht aus den Oliven gepresst und aufgefangen wird, rechtfertigt sich ein extrem hoher Preis wegen der relativ kleinen Produktionsmengen und dem immensen Zeitaufwand durchaus. Diese besondere Delikatesse ist ein *natives Olivenöl extra*, das im wahrsten Sinne des Wortes zu 100 Prozent kaltgepresst und wirklich ganz besonders wertvoll ist.

Nicht jedes *native Olivenöl extra* ist ein Spitzenöl, aber andererseits gibt es kein Spitzenöl, das nicht der Kategorie *natives Olivenöl extra* angehören würde.

Aber wie finden Sie nun ein natives Olivenöl, das Ihnen schmeckt?

Veranstalten Sie eine Degustierparty! Laden Sie Ihre Freunde ein und bitten Sie jeden Gast, sein Lieblingsolivenöl mitzubringen, das dann gemeinsam »semi-professionell« verköstigt werden soll. Fotokopieren Sie die »Profilbeschreibung für Prüfer« von Seite 72 und verteilen Sie diese an Ihre Freunde. Halten Sie kleine Apfelstücke bereit und füllen Sie die Gläser mit stillem Mineralwasser. Bitten Sie Ihre Freunde, nun eine Weile nicht mehr zu rauchen und auch während der Degustation nur noch Wasser zu trinken.

Füllen Sie 15 ml Olivenöl (ca. 2 EL) in einen Kognakschwenker oder ein Glas ähnlicher Form und bedecken Sie es mit einem neutral riechenden Deckel. Das Glas wird so in die Hand genommen, dass sich unter leichtem Schwenken das Öl erwärmt. Halten Sie das Glas dabei jedoch mit dem Deckel verschlossen.

Als Erstes machen Sie eine Geruchsprobe. Drehen Sie das Glas langsam und so schräg, dass das Öl die Innenwände benetzt. Führen Sie das Glas an die Nase, öffnen Sie es und machen Sie konzentriert ein paar langsame und tiefe Atemzüge. Verschließen Sie das Glas wieder und halten Sie es weiter warm. Merken Sie sich die Intensität der Fruchtigkeit (*fruité*) des Geruches gut.

Kommen wir nun zu der Geschmacksprobe: Nehmen Sie jetzt einen kleinen Schluck von ca. 3 ml in den Mund. Verteilen Sie das Öl im ganzen Mundinnenraum, lassen Sie nicht die seitlichen und hinteren Partien aus. Mit kurzen, aufeinanderfolgenden Atemzügen durch den Mund (ähnlich wie bei einer Weinprobe) erreichen Sie, dass sich das Öl in der ganzen Mundhöhle verteilt und die verschiedenen flüchtigen Aromen durch das retronasale System aufgenommen werden.

Versuchen Sie nun ein Urteil zu fällen, indem Sie das Geruchsergebnis mit dem Geschmackserlebnis kombinieren. Halten Sie Ihre Eindrücke auf der Profilbeschreibung fest. Bevor Sie zur Prüfung des nächsten Öles übergehen, sollten Sie ein kleines Stück Apfel von ca. 15 Gramm kauen und anschließend den Mund mit Wasser spülen. Machen Sie eine Pause von etwa 15 Minuten, die Sie nutzen können, um mit Ihren Freunden Ihre Eindrücke auszutauschen.

Natives Olivenöl selbst hergestellt

Da natives Olivenöl ein reines Naturprodukt ist, das allein durch den mechanischen Pressvorgang, ohne chemische Zusätze, gewonnen wird, ist es theoretisch ziemlich einfach, es selbst herzustellen. Natürlich braucht man gewisses Handwerkszeug, Können und Erfahrung, um ein perfekt gepresstes natives Olivenöl herzustellen, das einen niedrigen Anteil an freien Fettsäuren vorweist und einen hervorragenden Geschmack hat. Für die Herstellung eines Olivenöls aus dem eigenen Hain sollte man sich also lieber an eine professionelle Ölmühle wenden, die nach Gewicht für die Verarbeitung bezahlt wird.

Aber um Kindern oder gegebenenfalls auch Seminarteilnehmern anschaulich zu zeigen, wie natives Olivenöl gewonnen wird, können die vier großen Etappen der Olivenölproduktion nachgemacht werden – inspiriert durch die Art und Weise, wie das Öl in der Antike gewonnen wurde und wie es hin und wieder auch noch heute bei der Landbevölkerung in TUNESIEN praktiziert wird.

Waschen und Mahlen: Zuerst müssen die gewaschenen Oliven in einem Mörser zerstoßen oder mithilfe einer mechanischen Küchenmaschine oder eines Fleischwolfes gemahlen werden.

Pressen: Nun wird ein Jutesack mit den zerstoßenen Oliven befüllt, sorgfältig verschlossen und an einem Haken oder an einem Ast aufgehängt. Anschließend wird der Sack gedreht, als wollte man ein Kleidungsstück zum Trocknen auswringen. Durch den hierdurch ausgeübten Druck werden die Oliven gepresst und aus dem Sack tropft das native Olivenöl, das allerdings in einem weiteren Arbeitsgang noch von dem natürlichen Fruchtwasser getrennt werden muss.

So pressten die alten Ägypter ihr Olivenöl.

Dekantation: Dies ist der Vorgang, bei dem das Öl vom Fruchtwasser getrennt wird. Hierzu wird ein hohes Gefäß mit dem Fruchtsaft gefüllt. Nach einer Weile kann man das auf dem Fruchtwasser schwimmende native Olivenöl mit einer Kelle abschöpfen. Oder man benutzt ein Gefäß, das im unteren Teil eine kleine Öffnung mit einem Hahn oder einem anderen Verschluss besitzt, um auf diese Weise das schwerere Fruchtwasser von unten ablassen zu können.

Filtern: Nicht alle nativen Olivenöle werden automatisch gefiltert. Durch die Filterung gehen nämlich viele wertvolle Trübstoffe und Fruchtfleischanteile verloren. Außerdem »filtert« und klärt sich das native Olivenöl im Laufe der Zeit von selbst. Das im Öl verbliebene Fruchtwasser und die Fruchtfleischanteile sammeln sich nach einer Weile am Boden des Gefäßes. Sollte man trotzdem sein selbst erzeugtes natives Olivenöl filtern wollen, kann man es durch ein Baumwoll- oder Leinentuch fließen lassen.

Lagerung und Haltbarkeit

Schnell verzehrbare Mengen nativen Olivenöls können getrost in dekorativen Glasflaschen aufbewahrt werden. Für größere Mengen empfehlen sich allerdings Keramik- oder Inoxbehälter, die das lichtempfindliche Öl vor der Sonne schützen.

Natives Olivenöl ist wegen seiner Zusammensetzung, vor allem aufgrund der in größeren Mengen vorhandenen Antioxidantien, ein sehr stabiles, gut zu lagerndes Speiseöl. Doch vor dem, was dem Ölbaum sehr guttut, nämlich der Sonne, dem Wind und der Wärme, sollte man sein natives Olivenöl zu Hause tunlichst schützen. Es empfiehlt sich daher, das Öl abseits von Licht, Luft (Sauerstoff) und zu großer Hitze zu lagern. Kälte hingegen verändert zwar seine Konsistenz, es wird zähflüssig und flockt aus, schadet aber der Qualität des Olivenöls in keiner Weise. Sobald es wieder Zimmertemperatur hat, verschwinden diese Phänomene vollkommen. Kleine Mengen kann man getrost in einer möglichst dunklen Glasflasche oder in einer tönernen Karaffe in der Küche aufbewahren. Bei größeren Mengen, wenn man sich etwa wie in TUNESIEN üblich einmal im Jahr mit seinem Jahresbedarf eindeckt, sollte das native Olivenöl jedoch vorzugsweise in speziellen Inox-Behältern oder auf traditionelle Weise in tönernen Amphoren an einem kühlen Ort, zum Beispiel im Keller, aufbewahrt werden.

Natives Olivenöl sollte möglichst dunkel und kühl gelagert werden! Hierzu eignen sich hervorragend Tonkaraffen, dunkle Glasflaschen und spezielle Behälter aus hochwertigem Inox.

Diese Inox-Behälter mit einer praktischen Ablaufvorrichtung im unteren Teil gibt es in vielen verschiedenen Größen zwischen fünf und 100 Liter im Fachhandel zu kaufen. Traditionell lagern tunesische Familien ihren Jahresbedarf in tönernen Amphoren in einem kühlen, schattigen Raum. Bei der tonnenschweren professionellen Lagerung des nativen Olivenöls in den Ölmühlen und beim Exporteur findet man vielerorts noch immer die gefliesten unterirdischen Tanks fast vergangener Zeiten, die an Kellergewölbe erinnern. Aber der Trend der Zukunft geht zweifelsohne hin zu den licht- und luftundurchlässigen Zisternen aus Inox-Stahl, bei denen sogar eine Regelung der Lagertemperatur möglich ist. Mit der neuesten technischen Entwicklung können diese Inox-Edelstahlbehälter mit Anlagen zur Stickstoffüberschichtung des Olivenöls ausgestattet werden. Auf diese Weise ist das Olivenöl hundertprozentig vor schädigendem Sauerstoff geschützt. Im Übrigen gelten die Prinzipien bei der Lagerung von nativem Olivenöl für Produzenten, Handel und Verbraucher gleichermaßen.

Bei richtiger Lagerung muss ein ausgezeichnetes natives Olivenöl auch nach einem Jahr noch vorzüglich schmecken und sollte noch immer einen niedrigen Gehalt an freien Fettsäuren vorweisen.

Geflieste unterirdische Tanks sind ideal für die Lagerung nativen Olivenöls geeignet. Hier wird das Öl vor schädlicher Sonneneinstrahlung geschützt und auf natürliche Weise bei nahezu konstanter Temperatur gelagert.

In einem der modernsten Olivenöllager TUNESIENS stehen 30 große Zisternen aus hochwertigem Inox, die zusammen eine Kapazität von fast 900 Tonnen haben. Jede einzelne Zisterne hat eine Höhe von sechs Meter, einen Durchmesser von etwa 2,5 Meter und ein Fassungsvermögen von fast 30 Tonnen.

Prinzipiell kann festgehalten werden, dass ein natives Olivenöl unter optimalen Bedingungen nicht wirklich verdirbt. Zwar klärt es sich mit der Zeit auf natürliche Weise und der Geschmack wird immer milder. Doch falls es sich um einwandfreies *natives Olivenöl extra* handelt, das nach den chemischen Analysen nachgewiesenermaßen keinerlei Verunreinigungen zum Beispiel während der Abfüllung ausgesetzt war, kann man bei optimaler Lagerung sicher davon ausgehen, dass es auch nach mehreren Jahren seine gute Qualität behalten hat. Der Handel muss allerdings nach europäischem Recht eine Mindesthaltbarkeit von zwei Jahren auf dem Etikett vermerken!

Natürlich achten die Olivenölproduzenten, -exporteure und -abfüller während der gesamten Produktionskette auf optimale Lagerung, denn einerseits spiegelt sich dies in der guten Qualität (Gehalt an freien Fettsäuren) des nativen Olivenöles wider. Andererseits wird eine einwandfreie Lagerung auch durch die verschiedenen Organisationen, die biologisches Olivenöl lizenzieren, bzw. durch die Einkäufer der großen Firmen regelmäßig kontrolliert.

Olivenölzisternen aus Inox mit einem jeweiligen Fassungsvermögen von 250 Tonnen.

Viel mehr als nur »Food«

Ganz unumstritten hat das Olivenöl neben seiner großen Bedeutung als Nahrungsmittel noch viele weitere Verwendungsmöglichkeiten. Schon in der Antike diente das native Olivenöl den Menschen sowohl zur Körperpflege als auch in der Medizin. Und dies nicht nur als Basis für Salben, sondern, was noch viel gewichtiger ist, als Hauptwirkstoff. Das native Olivenöl vermag dem Menschen über die Haut, dem größten Organ, das zur Aufnahme von körperfremden Stoffen fähig ist, Gesundheit und Langlebigkeit zu verleihen. Das hohe Alter der Olivenbäume sagt viel über ihre natürliche Kraft aus. Widerstandskraft und Vitalität sind die Schlüsselwörter ihrer Existenz.

Hippokrates von Kos (460–377 v. Chr.), einer der berühmtesten Ärzte aller Zeiten, verschrieb schon vor 2500 Jahren seinen Patienten natives Olivenöl zur Heilung von Geschwüren, Cholera und Muskelschmerzen.

»Eure Nahrung sei euer Pharmakon, und euer Heilmittel sei eure Nahrung!«

Heute können die Wissenschaftler mit den Ergebnissen aus zahlreichen Studien beweisen, was die Menschen schon seit Tausenden von Jahren wissen:

Natives Olivenöl ist das Beste, was man für seine Gesundheit tun kann!

Das »Öl der Mitte«, wie das native Olivenöl von den Anthroposophen bezeichnet wird, ist außerordentlich reich an Vitamin E, einem natürlichen Antioxidans. Darüber hinaus enthält es die beiden wichtigen fettlöslichen Vitamine A und D und besteht bis zu 80 Prozent aus einfach ungesättigten Fettsäuren, die einen positiven Einfluss auf den Cholesterinspiegel haben und infolgedessen vor Herz-Kreislauf-Erkrankungen schützen.

Nimmt ein Erwachsener etwa vier Esslöffel natives Olivenöl täglich zu sich, so deckt er fast die Hälfte seines täglichen Bedarfs an Vitamin E und seinen Tagesbedarf an ungesättigten Fettsäuren.

Erst durch diese ungesättigten Fettsäuren sind manche Stoffwechselvorgänge möglich, und aus diesem Grund sind sie für den menschlichen Körper lebensnotwendig.

Das aus schwarzen Oliven gepresste native Olivenöl ist in die offizielle pharmazeutische Liste Frankreichs aufgenommen worden. Dies ist Ausdruck eines Wandels, natives Olivenöl nun auch wieder von offizieller Seite als Heilmittel anzuerkennen.

Cholesterin und Fettsäuren

Cholesterin ist ein Blutfett, das der Körper zur Aufrechterhaltung seiner Funktionen benötigt und das er zu einem Teil sogar selbst produziert. Es ist Baustein der Zellwände und Muttersubstanz verschiedener wichtiger Hormone. Außerdem benötigt die Leber das Cholesterin, um Gallensäure zu bilden, die wiederum für die Verdauung benötigt wird. Zum größten Teil wird das Cholesterin im menschlichen Körper gebildet, zu einem kleineren Teil wird es aber mit der Nahrung aufgenommen. Ohne Cholesterin könnte der Mensch nicht leben. Ein erhöhter Cholesteringehalt im Blut, der vorwiegend durch einen unvernünftigen und zu sorglosen Genuss von Fleisch und tierischen Produkten verursacht wird, kann jedoch zu schwerwiegenden Herz-Kreislauf-Erkrankungen bis hin zum Schlaganfall oder Herzinfarkt führen.

Fett ist gesund. Es stellt für die menschlichen Körperzellen eine konzentrierte und leistungsfähige Energiequelle dar. Diese Energie benötigt der Körper, um seine lebenswichtigen Vitalfunktionen aufrechtzuerhalten und um sein Gewebe zu regenerieren. Aber es muss ein Gleichgewicht bestehen zwischen den verschiedenen Nährstoffen: den Kohlenhydraten, den Proteinen und den Fetten (Lipiden). Dabei nimmt das Fett einen bevorzugten Platz in der Ernährung ein, da es für den Organismus unverzichtbar ist. Es trägt die Energie, die es dem Einzelnen erlaubt, seine physischen und intellektuellen Aktivitäten zu entwickeln, und ist außerdem Träger für die fettlöslichen Vitamine A, D, E und K, die nur in Verbindung mit Fett vom Körper aufgenommen werden können. Deshalb empfiehlt es sich beispielsweise, in ein Glas Karottensaft auch immer einige Tropfen natives Olivenöl zu geben. So kann der Körper das im Karottensaft enthaltene Vitamin A gut aufnehmen und bekommt zusätzlich noch wertvolles Vitamin E aus dem nativen Olivenöl. Des Weiteren unterstützen Fette die Bildung der für die Verdauung notwendigen Gallensalze. Werden dem Körper die essentiellen Fettsäuren mit der Nahrung zugeführt, ist er in der Lage, die anderen benötigten Fettsäuren selbst zu bilden.

Nicht Fett, sondern falsches Fett ist ungesund!

Primär ist es aber nicht die Menge des Fettes, was die Gesundheit beeinflusst: Ganz entscheidend ist, um welche Fettart es sich handelt.

Die **gesättigten Fettsäuren**, die überwiegend in tierischen Fetten enthalten sind, können bei einem zu ausgiebigen Genuss von Fleisch und Wurst sowie von Milchprodukten, allen voran Butter und Käse, zu einem erhöhten Cholesterinspiegel im Blut und den damit verbundenen Herz-Kreislauf-Erkrankungen führen. In den westlichen Ländern überwiegen folgende drei gesättigten Fettsäuren: die Laurinsäure, die in Palmkernöl und Kokosnussöl vorkommt, die Myristinsäure, in Butter und Kokosnussöl vorhanden, und die Palmitinsäure, die in tierischem Fett enthalten ist.

Die **mehrfach ungesättigten Fettsäuren** finden sich vorwiegend in pflanzlichen Fetten und Ölen sowie in Meeresfrüchten und Fisch. Wie schon lange bekannt ist, sind die mehrfach ungesättigten Fettsäuren für manche Stoffwechselprozesse des menschlichen Körpers unverzichtbar. Da sie nicht synthetisch hergestellt werden können, müssen sie täglich mit der Nahrung aufgenommen werden. Die wichtigste mehrfach ungesättigte Fettsäure ist die Linolsäure, die hauptsächlich in Pflanzenölen wie dem Sonnenblumenöl vorkommt.

Einfach ist mehr! Nach den neuesten wissenschaftlichen Erkenntnissen sind es nämlich nicht primär die mehrfach ungesättigten Fettsäuren, die den Cholesterinhaushalt ins Gleichgewicht bringen, sondern vielmehr leisten das die **einfach ungesättigten Fettsäuren**. Diesem Umdenken in Wissenschaft und Medizin ist es zu verdanken, dass dem nativen Olivenöl immer mehr die ihm gebührende Aufmerksamkeit zuteil wird. Die einfach ungesättigten Fettsäuren, die im nativen Olivenöl etwa 80 Prozent der totalen Fettmenge ausmachen, sind es nämlich, die erhöhte Cholesterinwerte im Blut senken helfen und darüber hinaus einen positiven Einfluss auf die Zusammensetzung der Blutfette haben. Die wichtigste einfach ungesättigte Fettsäure ist die Ölsäure des nativen Olivenöls.

Einfach ungesättigte Fettsäuren helfen, erhöhte Cholesterinwerte im Blut zu senken, und haben einen positiven Einfluss auf die Zusammensetzung der Blutfette.

Vergleichende Tabelle in Bezug auf den totalen Lipidanteil sowie die gesättigten, die einfach und die mehrfach ungesättigten Fettsäuren in Gramm pro 100 Gramm Fett bzw. Öl:

Fette und Öle	Lipide gesamt	gesättigte Fettsäuren	einfach ungesättigte Fettsäuren	mehrfach ungesättigte Fettsäuren	Cholesterin mg/100g
Butter	83,4	52,0	21,0	3,10	240
Margarine *	84,0	50,0	23,0	11,00	115
Olivenöl *	**100,0**	**17,2**	**72,9**	**9,90**	**0**
Erdnussöl	100,0	19,5	52,5	26,40	1-2
Maisöl	100,0	31,3	20,7	47,20	Spuren-4
Sojaöl	100,0	15,8	23,5	59,70	2
Sonnenblumenöl	100,0	7,5	34,0	58,00	Spuren-3
Kokosöl	100,0	91,2	7,5	0,75	1

* Es handelt sich um Mittelwerte

Natives Olivenöl hat das ideale Verhältnis von gesättigten, mehrfach ungesättigten und einfach ungesättigten Fettsäuren, um den täglichen Bedarf daran zu decken. Denn der menschliche Organismus benötigt alle drei Fettsäuren, jedoch jede in der jeweils richtigen Menge.

In der parenteralen Ernährung mit Lipidemulsionen, die bei der klinischen Behandlung von Erwachsenen und Kindern mit schweren gastrointestinalen Erkrankungen bzw. Dysfunktionen, bei Frühgeborenen, Trauma- und Intensivpatienten sowie postoperativ nach größeren chirurgischen Eingriffen u. a. erforderlich ist, werden in jüngster Zeit auf Olivenöl basierende Parenteralia favorisiert. Zahlreiche Studien belegen deren signifikanten Vorteile gegenüber den herkömmlich verwendeten Lipidemulsionen auf Sojabohnenöl-Basis. Olivenölhaltige Lipidemulsionen führen zu einer ausgewogeneren Versorgung mit essentiellen Fettsäuren, zeigen eine geringere Lipidperoxidationsrate, führen somit zu einer geringeren gewebeschädigenden Radikalbildung, und weisen darüber hinaus eine bessere antioxidative Wirksamkeit und Immunneutralität auf.

LDL und HDL

Es gibt verschiedene Cholesterinarten, von denen zwei Gruppen von besonderer Bedeutung sind: Das LDL (*low density lipoprotein*: Fett mit niedriger Dichte) und das HDL (*high density lipoprotein*: Fett mit hoher Dichte). LDL ist das Cholesterin, das durch die Bildung von Plaques an den Gefäßinnenwänden, deutlicher gesagt durch die Ablagerung von harten Fettsubstanzen in den Arterien, für Gefäßerkrankungen (Arteriosklerose) maßgeblich verantwortlich ist. Dabei ist das LDL an sich nicht schädlich. Erst durch seine Oxidation wird es chemisch verändert und kann sich so an den Innenwänden der Arterien ablagern und mit der Zeit zu einer Arterienverkalkung führen. Das HDL schützt dagegen vor dieser Krankheit, da es den Gehalt des LDL-Cholesterins im Blut verringert, indem es das LDL an sich bindet und zur Leber transportiert, wo es abgebaut wird.

HDL-Cholesterin hat eine schützende Wirkung auf die Arterien!

Die einfach ungesättigten Fettsäuren senken den Gehalt an schädlichem LDL-Cholesterin und erhalten gleichzeitig das »gute« HDL-Cholesterin. Mithilfe seiner natürlichen Antioxidantien – den einfach ungesättigten Fettsäuren, dem Vitamin E, dem Betakarotin und anderen antioxidativ wirksamen Bestandteilen – setzt das native Olivenöl die Oxidationsempfindlichkeit des LDL-Cholesterins herab und verhindert so seine chemische Umwandlung. Aufgrund dessen kann sich das LDL nicht mehr in den Arterien ablagern und ein wirksamer Schutz gegen Arteriosklerose wird aufgebaut. Die mehrfach ungesättigten Fettsäuren, z. B. von Fisch, Sonnenblumen oder Mais, haben zwar auch eine senkende Wirkung auf das schädliche LDL-Cholesterin, sie verringern aber gleichermaßen auch das gute HDL-Cholesterin.

Die chemischen Lipidsenker, die die Pharmaindustrie heute anbietet, haben meist erhebliche Nebenwirkungen. Daher ist es höchst erfreulich, dass das native Olivenöl, ein natürliches und gut verträgliches Mittel, ebenso in der Lage ist, den LDL-Cholesteringehalt zu senken!

Anteilige Fettsäuren bei nativem Olivenöl

Natives Olivenöl besteht zu acht bis 26 Prozent aus gesättigten Fettsäuren, zu drei bis 22 Prozent aus mehrfach ungesättigten Fettsäuren, der Linol- und Linolensäure (Omega-6- und Omega-3-Fettsäure), und zu 53 bis 87 Prozent aus einfach ungesättigten Fettsäuren, der Ölsäure. Natives Olivenöl besitzt die ideale Kombination an Fettsäuren, um den Cholesterinspiegel im Zaum zu halten. Diese Zusammensetzung findet sich bei keinem anderen Öl. *Natives Olivenöl extra* enthält zwei der essentiellen Fettsäuren, die der Körper *nicht* selbst herstellen kann, nämlich Ölsäure und Linolsäure. Ölsäure findet sich auch in der Muttermilch, wo sie zum normalen Knochenwachstum des Säuglings beiträgt!

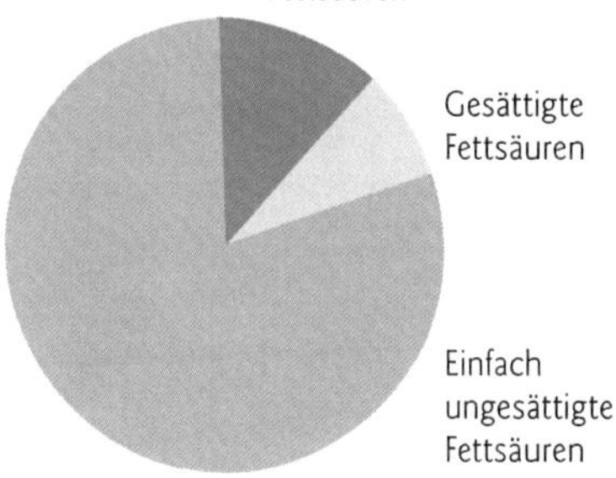

Außerdem wirkt sich *natives Olivenöl extra* wegen seiner großen Mengen an einfach ungesättigten Fettsäuren positiv auf bereits bestehende Herz-Kreislauf-Erkrankungen oder einen Diabetes mellitus aus. Ärzte und Ernährungswissenschaftler haben sogar herausgefunden, dass durch eine **Nahrungsumstellung** auf *natives Olivenöl extra* als primärem Fettlieferanten positivere Resultate erzielt werden können als durch eine Fettreduktion oder gar durch einen generellen Fettverzicht! In der Vergangenheit wurde Diabetespatienten eine fettarme und kohlenhydratreiche Diät empfohlen. Die Ergebnisse der neuesten Studien belegen allerdings, dass eine Diät mit einem hohen Anteil an einfach ungesättigten Fettsäuren für Diabetiker viel besser geeignet ist, weil diese die Insulinempfindlichkeit verbessern. Bei einer Studie erwies sich eine Diät mit 50 Prozent Fett- und 35 Prozent Kohlenhydratanteil als günstiger für den Stoffwechsel als eine Kost mit einem Anteil von nur 25 Prozent Fett, aber 60 Prozent Kohlenhydraten. Dieser Effekt wird noch durch die Tatsache verstärkt, dass die fettreichere Variante viel schmackhafter und vielfältiger ist und dadurch bei den Patienten auf eine höhere Akzeptanz stößt, sie somit also auch viel einfacher einzuhalten ist als eine stark fettreduzierte Diät. Ein Diabetes entwickelt sich nachweislich am ehesten bei Menschen, die einen hohen Anteil an tierischem Fett und demzufolge eine hohe Menge an Cholesterin zu sich nehmen. Daher sollten insbesondere Menschen mit einem erhöhten Risiko (ein oder mehrere Verwandte ersten Grades mit Diabetes) ihre Ernährung konsequent von tierischen Fetten auf *natives Olivenöl extra* umstellen.

Natives Olivenöl enthält im Gegensatz zu allen tierischen und den meisten pflanzlichen Fetten und Ölen absolut kein Cholesterin!

In Spanien wurden Bluthochdruckpatienten für eine Studie in zwei Gruppen aufgeteilt. Eine Gruppe erhielt eine Ernährung mit Sonnenblumenöl (mehrfach ungesättigte Fettsäuren), die Diät der zweiten Gruppe basierte auf *nativem Olivenöl extra* (mindestens 70 Prozent einfach ungesättigte Fettsäuren). Nach vier Wochen stellte sich bei den Patienten der »Olivenölgruppe« eine bemerkenswerte **sichere Blutdrucksenkung** ein. Die andere Gruppe erlebte keine deutliche Wirkung.

Bei der Lyoner Herzstudie wurde herausgefunden, dass sich ein drohender Herzinfarkt durch eine konsequente Ernährungsumstellung mit ausreichenden Mengen an *nativem Olivenöl extra* wirksam bekämpfen lässt. Während dieser Langzeituntersuchung behandelte man Herzinfarktpatienten mit einer Diät basierend auf *nativem Olivenöl extra*. Diese Patienten hatten 70 Prozent **weniger Herzinfarkte** als die Patienten der Vergleichsgruppe. Solche Ergebnisse erzielt man mit keinem derzeit erhältlichen Medikament!

Durch eine Ernährung mit *nativem Olivenöl extra* als Hauptfettlieferanten wird außerdem das Thromboserisiko deutlich gesenkt. Omega-3-Fettsäuren, die zu den ungesättigten Fettsäuren zählen, verringern die Gerinnungszeit des Blutes und hemmen eine Verklumpung der Blutplättchen (Thrombozyten). Eine ähnliche Wirkung hat das Aspirin. Die Auswirkungen einer Diät mit *nativem Olivenöl extra* wurden mit denen einer Ernährung mit Rapsöl bzw. Sonnenblumenöl verglichen. Es stellte sich heraus, dass die gerinnungsfördernden Faktoren einer fetten Mahlzeit bei einer Ernährung mit *nativem Olivenöl extra* als Hauptfettlieferanten schwächer wirksam waren. Es schnitt in dieser Studie deutlich besser ab als die anderen Öle und senkte das Thromboserisiko.

Es lassen sich fast unzählige andere seriöse wissenschaftliche Studien aufführen, die alle zu dem gleichen Schluss kommen:

Will man seine gesundheitlichen Risiken so gering wie möglich halten und sich vor allem gegen Herz-Kreislauf-Erkrankungen, Bluthochdruck, Diabetes, Thrombose, Rheuma, Dickdarm-, Prostata-, Brust- und Eierstockkrebs, um nur einige Krankheiten zu nennen, schützen, dann sollte man so schnell und konsequent wie möglich auf eine Ernährung umsteigen, die die tierischen Fette weitestgehend eliminiert und *natives Olivenöl extra* als primären Fettlieferanten vorsieht.

Dabei sollte natürlich darauf geachtet werden, dass das *native Olivenöl extra* die anderen, insbesondere aber die tierischen Fette ersetzt und nicht zusätzlich zu den anderen Fetten konsumiert wird. Anderenfalls riskiert man eine Gewichtszunahme. Denn ein Gramm natives Olivenöl entspricht 9,3 Kcal. Ein Esslöffel natives Olivenöl enthält 14 g Fett und entspricht somit etwa 130 Kcal.

Man kann die Fette übrigens ganz einfach, ohne mühselig die Tabellen zu studieren, grob unterscheiden: Ungesättigte Fettsäuren halten die Substanz weich und flüssig, es handelt sich um Öl. Gesättigte Fettsäuren, die in den tierischen Fetten wie Butter und Schmalz enthalten sind, liegen bei Raumtemperatur im Allgemeinen in fester Form vor. Hier gilt: Je mehr gesättigte Fettsäuren eine Substanz enthält, desto härter und zäher ist sie. Auch aus diesem Grund sind die gesättigten Fettsäuren für die Gesundheit weniger günstig, denn sie sind starr und steif und behindern die Fließeigenschaft des Blutes.

Sekundäre Pflanzenstoffe

Zu mehr als 95 Prozent besteht natives Olivenöl aus Fettsäuren. Die restlichen fünf Prozent setzen sich aus einer Vielzahl ganz unterschiedlicher, mengenmäßig relativ unbedeutender Verbindungen zusammen, die dennoch wichtige Funktionen haben. Diese sekundären Pflanzenstoffe, sie werden auch Begleitstoffe genannt, haben keinerlei Nährstoffgehalt. Aber sie dienen der Pflanze zur Abwehr von Krankheiten und Schädlingen, zur Regelung ihres Wachstums sowie als Farbstoff (z.B. das Karotin). Einige sorgen für die Stabilität des Öls oder eben für dessen Geschmack und Aroma, anderen werden für den Menschen gesundheitsfördernde Wirkungen zugeschrieben, indem sie schädliche oder zerstörerische Prozesse wie die durch freie Radikale verursachte Oxidation von Lipiden verhindern.

Zusätzlich zu seiner günstigen Fettsäurezusammensetzung machen gerade die sekundären Pflanzenstoffe das native Olivenöl so wertvoll für die Gesundheit und stellen ein weiteres Argument dar, natives Olivenöl als *die* Hauptfettquelle einer gesunden Ernährung zu empfehlen.

Die sekundären Pflanzenstoffe lassen sich in Vitamine und Mineralien, Phenole, Geschmacks- und Aromastoffe, Kohlenwasserstoffe und Sterine unterscheiden. Der Einfluss einiger dieser Substanzen auf den menschlichen Körper wird auf den folgenden Seiten ausführlich beschrieben. Einige wissenschaftliche Studien stützen jedoch die Vermutung, dass dank synergistischer Effekte die Kombination dieser unterschiedlichen bekannten oder noch unbekannten sekundären Pflanzenstoffe sehr viel wirkungsvoller ist als die Summe der einzelnen Komponenten.

Die Ergebnisse einer vor wenigen Jahren durchgeführten Studie deuten darauf hin, dass sogar ausschließlich die zusätzliche Aufnahme von *nativem Olivenöl extra* bei einer ansonsten unveränderten Ernährungsweise zu einer bemerkenswerten Senkung des Blutdrucks führen kann. Ein Effekt, der nur bei *nativem Olivenöl extra* zu beobachten war und wohl nicht allein auf dessen Anteil an einfach ungesättigten Fettsäuren zurückzuführen ist, sondern durch den synergetischen Effekt der vielen aktiven Substanzen hervorgerufen wird, die im *nativen Olivenöl extra* vorhanden sind.

Vitamine und Mineralstoffe

Der menschliche Körper braucht zur Aufrechterhaltung seiner Funktionen Vitamine und Mineralstoffe. Einige dieser Stoffe produziert er zum Teil oder komplett selbst, andere wiederum muss er über die Nahrung täglich zu sich nehmen. Fettlösliche Vitamine werden gewöhnlich mit Lebensmitteln resorbiert, die Fett enthalten. Natives Olivenöl enthält die fettlöslichen Vitamine A, E, D und K. Da fettlösliche Vitamine im Körperfett, in der Leber und in den Nieren gespeichert werden können, müssen sie nicht jeden Tag mit der Nahrung ergänzt werden.

Anorganische Mineralnährstoffe werden für den strukturellen Aufbau harter und weicher Körpergewebe benötigt. Sie sind auch an Vorgängen wie den Aktivitäten der Enzymsysteme, Muskelkontraktionen, Nervenreaktionen und der Blutgerinnung beteiligt. Die Mineralstoffe müssen alle durch die Nahrung zugeführt werden. Natives Olivenöl enthält in nennenswerten Mengen die Mineralien Kalzium, Kalium und Magnesium.

Natives Olivenöl besitzt vom essentiellen Vitamin E pro 100 Gramm die beachtlich große Menge von durchschnittlich 12 bis 25 Milligramm, manchmal sogar bis zu 43 Milligramm, was den Tagesbedarf eines Erwachsenen weit übersteigt. Die Menge des enthaltenen Vitamin E hängt offenbar von verschiedenen Faktoren wie dem Anbau und dem Reifegrad der Oliven sowie den Lagerbedingungen und der Lagerdauer ab.

Natives Olivenöl extra hat fünfmal so viel Vitamin E wie Butter!

Hervorzuheben ist die antioxidative Wirkung des Vitamin E und seine Fähigkeit, freie Sauerstoffradikale unschädlich zu machen. Auf diese Weise und durch seine schützende Wirkung auf die Zellmembran wirkt es u. a. einem frühzeitigen Alterungsprozess entgegen und stärkt Haut und Haar. Vitamin E ist außerdem an der Bildung von roten Blutkörperchen sowie an Muskeln und anderen Geweben beteiligt, wirkt der Entstehung von Krebs entgegen und verhindert das Risiko einer Herz-Kreislauf-Erkrankung. In einer Studie zeigte sich, dass eine mindestens zwei Jahre dauernde, hoch dosierte Vitamin-E-Gabe das Risiko einer koronaren Herzkrankheit signifikant um 31 bis 65 Prozent senkte. Andere Studien zeigten wiederum, dass ein niedriger Vitamin-E-Spiegel im Serum bzw. im Plasma mit erhöhtem Risiko für Lungen-, Zervikal- und Prostatakrebs einhergeht.

Durch einen Mangel an Vitamin E kann es zu Störungen im Bereich der Reproduktion, der Muskulatur, des Nervensystems und des Gehirns kommen. Ein Vitamin-E-Mangel kann sich außerdem auf das kardiovaskuläre System, auf die Blutzellen und auf die Leber auswirken. Bei Säuglingen und Kleinkindern, die über mehrere Monate hinweg mit Kuhmilchmischungen ernährt werden, besteht das reale Risiko eines Vitamin-E-Mangels. Um dies zu verhindern, fügen tunesische Mütter der Säuglings- und Kleinkindnahrung jeden Tag einige Tropfen des hochwertigen *nativen Olivenöls extra* bei, das wegen seiner Zusammensetzung, die der Muttermilch stark ähnelt, von Säuglingen und Kleinkindern außerordentlich gut vertragen wird. Denn die einfach ungesättigte Fettsäure, die sogenannte Ölsäure, die im *nativen Olivenöl extra* zu etwa 80 Prozent vorhanden ist, ist auch ein wichtiger Bestandteil der natürlichen Muttermilch. Sie spielt außerdem beim Zell- und Knochenaufbau der Säuglinge und Kleinkinder eine besonders wichtige Rolle und wirkt sich auf die Entwicklung des Gehirns und somit auf die Lernfähigkeit und auf das Nervensystem positiv aus.

Der Tagesbedarf eines Erwachsenen an Vitamin E liegt bei 12 Milligramm und nimmt mit steigender Einnahme an mehrfach ungesättigten Fettsäuren zu.

Vitamin A ist eine Sammelbezeichnung für verschiedene natürliche und chemische Verbindungen. Es liegt bei pflanzlicher Herkunft als Carotinoid vor, das später im Körper zu Vitamin A umgewandelt wird. Vitamin A ist insbesondere am Sehvorgang beteiligt, indem es zusammen mit dem Protein Opsin das Sehpigment Rhodopsin bildet. Es ist außerdem unerlässlich für das Wachstum und die Bildung des Epithelgewebes, das die innere und äußere Körperoberfläche bedeckt. Folglich ist das Vitamin A am Aufbau der Haut, der Schleimhäute und der Knorpelgewebe beteiligt. Ferner wirkt es bei der Reproduktion (Spermaentwicklung, Entwicklung der Plazenta und Fetalentwicklung) sowie bei der Testosteronproduktion mit.

Ein Mangel an Vitamin A kann sich in einer Störung der Dunkeladaption (sog. Nachtblindheit) bemerkbar machen. Später kann sich eine Xerophthalmie (eine Austrocknung der Binde- und Hornhaut des Auges und eine Störung der Tränendrüse) entwickeln, die unbehandelt zur Erblindung führen kann. Außerdem wirkt sich ein Vitamin-A-Mangel in einer Störung des Wachstums des Epithelgewebes aus und es kann zu Hautveränderungen kommen. Dies äußert sich in übermäßig trockener Haut und unzureichender Schleimhautsekretion, wodurch das Eindringen von Krankheitskeimen begünstigt wird. Eine Verstopfung der Talgdrüsen führt zu einer unreinen und zur Verhornung neigenden Haut und zu sprödem Haar. Ferner kann es zu einer Atrophie (einer Rückbildung der Schleimhäute und Schleimdrüsen) kommen und zu Störungen in der Knochenbildung. Ein Vitamin-A-Mangel kann eine schädigende Wirkung auf die Fortpflanzung haben und in der Schwangerschaft eine Fehlbildung des Fötusses verursachen.

100 Gramm Oliven besitzen so viel Vitamin A wie 50 Gramm Butter oder 1,5 Liter Milch!

Für Erwachsene liegt der Tagesbedarf bei 1,0 Milligramm RE für Männer und 0,8 Milligramm RE für Frauen.

Vitamin D ist in seiner Wirkungsweise einem Hormon sehr ähnlich und für die Regulation des Kalzium- und Phospathaushalts über Darm, Nieren und Knochen (Förderung der Kalzium- und Phosphatresorption sowie Mineralisierung) wichtig. Der tägliche Bedarf eines Erwachsenen liegt bei 5 Milligramm.

Durch ungenügende Resorption im Darm und renale Reabsorption von Kalzium und Phosphat kann es bei Säuglingen, Kleinkindern und streng vegetarisch ernährten Kindern zu schweren Mineralisationsstörungen des Skelettsystems (Rachitis) mit irreversibler Deformierung der weichen Knochen (typischerweise des Brustkorbes und Schädels sowie O-Beine) kommen. Bei Erwachsenen kann unter bestimmten Umständen durch einen Mangel an Vitamin D eine Osteomalazie (Knochenweichheit und Verbiegungstendenz) auftreten.

In TUNESIEN achtet die stillende Mutter auf eine ausgewogene Ernährung mit reichlich qualitativ hochwertigem Olivenöl, da ja allgemein bekannt ist, dass die Vitamine und alle anderen Inhaltsstoffe der Nahrung der stillenden Mutter in die Muttermilch übergehen. Später wird der Babybrei immer mit einigen Tropfen *nativen Olivenöls extra* verfeinert.

Natives Olivenöl extra ist *das* natürliche Fett, das in seiner Zusammensetzung der Muttermilch am meisten ähnelt und aus diesem Grund für Säuglinge sehr gut verträglich ist.

Vitamin K bezeichnet eine Gruppe von Vitaminen mit antihämorrhagischer Wirkung. Sie sind in der Leber an der Biosynthese verschiedener Blutgerinnungsfaktoren beteiligt. Ein Mangel an Vitamin K zeigt sich durch eine verlängerte Blutgerinnungszeit, durch Blutungen in verschiedenen Geweben und Organen sowie evtl. durch eine chronische Lebererkrankung. Bei Säuglingen kann es schlimmstenfalls zu Hirnblutungen kommen. Der tägliche Bedarf liegt für Männer bei ca. 80 Milligramm und für Frauen bei ca. 65 Milligramm.

In den traditionellen Olivenanbaugebieten ist allgemein bekannt, dass natives Olivenöl auch für die Ernährung von Säuglingen und Kleinkindern hervorragend geeignet ist

Kalzium wird für den Aufbau und die Festigkeit der Knochen benötigt. Es ist an der Bildung von Zahnzement und den Zellmembranen beteiligt. Ferner ist Kalzium für die Blutgerinnung und normale Erregbarkeit von Nerven- und Muskelgewebe sowie für die Muskelkontraktionen von Bedeutung. Ein Kalziummangel kann zur Entkalkung und Erweichung der Knochen führen sowie zur Bildung einer Osteoporose. Zudem kann sich ein Mangel an Kalzium in Nervosität, erhöhter Reizbarkeit der Muskeln und in Muskelkrämpfen äußern.

Oliven haben ebenso viel Kalzium wie Kuhmilch (120 mg / 100 g)!

Das Mineral **Kalium** ist für die Aufrechterhaltung des zellulären Ruhepotenzials verantwortlich und an den elektrischen Vorgängen im Nerven- und Muskelgewebe beteiligt. Kalium ist außerdem für die Beibehaltung des osmotischen Drucks in der Zelle verantwortlich und am Eiweißaufbau und der Kohlenhydratverwertung beteiligt. Ein Kaliummangel äußert sich in Störungen der Erregungsleitung und der Muskelkontraktionen.

Magnesium ist essentieller Bestandteil für den Körper und notwendig für den menschlichen Stoffwechsel und für die Aufrechterhaltung des elektrischen Potenzials von Nerven- und Muskelzellen. Es ist wichtig für den Aufbau von Knochen und Sehnen und für die Bildung von Antikörpern. Ein Mangel an Magnesium äußert sich beispielsweise bei Alkoholikern in Muskelzuckungen und Zittern und bei Sporttreibenden in Muskelkrämpfen. Außerdem manifestiert sich ein Magnesiummangel in Gewichtsverlust, Herzrhythmusstörungen und in einer geschwächten Körperabwehr.

Phenolische Verbindungen

Phenolische Verbindungen werden häufig als wirkungsvolle Antioxidantien beschrieben. Die Klasse der im nativen Olivenöl vorhandenen Phenole umfasst eine Vielzahl unterschiedlicher Substanzen wie Vanillinsäure, Kaffeesäure, Hydroxytyrosol, Tyrosol, Oleuropein, Ligstrosid, Gallussäure, Kumarsäure und Flavonoide. Scheinbar werden die Phenole durch die große Hitze während einer Raffination zerstört, denn ihr Gehalt ist bei *nativem Olivenöl extra* sehr viel größer als bei raffiniertem Olivenöl.

Bei einem frischen nativen Olivenöl mit reichem Fruchtgeschmack kann man von einem hohen Gehalt an phenolischen Verbindungen ausgehen. Die nativen Olivenöle aus der Massenproduktion der bekannten Handelsmarken haben eher niedrigere Gehalte an Phenolen, da es oft Öle mit fortgeschrittenen oxidativen Vorgängen sind. Es handelt sich um geschmacklosere Olivenöle, die sowohl bei der sensorischen Prüfung als auch bei der chemischen Analyse Probleme mit den Phenolwerten haben. Allerdings heißt dies nicht, dass die billigeren Olivenöle gesundheitlich vollkommen wertlos sind. Sie sind aber ganz sicher weniger wertvoll als native Olivenöle der Spitzenklasse. Die Unterschiede im Gehalt an phenolischen Verbindungen sind übrigens von deutlicher Dimension.

Ein hochwertiges *natives Olivenöl extra* kann bis zu zehnmal mehr wertvolle phenolische Verbindungen aufweisen als ein minderwertiges!

Von Hand gepflückte Oliven erreichen die Ölmühle in einem tadellosen Zustand. Darum sind die Öle handgepflückter Oliven meist qualitativ sehr hochwertig. Chemische Analysen zeigten außerdem, dass Oliven, die von alten Bäumen stammen ohne Zweifel höhere Phenolwerte aufweisen als die jüngerer Pflanzen.

Ein erwähnenswertes Phenol im nativen Olivenöl ist das **Oleuropein**, das Anfang des 20. Jahrhunderts isoliert werden konnte. Damit begann seine systematische wissenschaftliche Erforschung. Das Oleuropein wird für die hohe Widerstandskraft, Robustheit und gute Immunabwehr des Ölbaumes verantwortlich gemacht. Dieser Stoff scheint ein wahres Wundermittel mit einem außerordentlich großen Wirkspektrum zu sein, was in dem Kapitel über die Olivenbaumblätter noch ausführlich beschrieben wird. In seiner ursprünglichen, unveränderten Form wirkt dieser Stoff blutdrucksenkend, er erweitert die Blutgefäße und schützt vor Herzrhythmusstörungen. Außerdem ist das Oleuropein ein natürliches Antioxidans, dessen Wirkung in dem folgenden Abschnitt über Antioxidantien ausführlich beschrieben wird.

In einer wissenschaftlichen Studie wurden gesunden Probanden Mahlzeiten mit einem hohen Gehalt an *nativem Olivenöl extra* verabreicht. Unmittelbar nach den Mahlzeiten waren phenolische Verbindungen in allen Klassen der Lipoproteine mit Ausnahme von VLDL im Blut vorhanden, begleitet von einer Zunahme ihrer antioxidativen Kapazität.

Durch Abspaltung von Wasser (Hydrolyse) zerfällt das Oleuropein in zwei weitere Substanzen. Die hierdurch entstandene Elenolsäure hat eine starke antimikrobielle Wirkung und bekämpft Bakterien, Viren und Pilze. Die zweite Substanz heißt DHPE. Sie wirkt der Veränderung von Zellen entgegen und schützt auf diese Weise vor Zellschäden. Des Weiteren hemmt DHPE die Bildung von Enzymen, denen eine Schlüsselrolle bei der Entstehung von Entzündungen, Arteriosklerose, ja sogar bei Krebs zugeschrieben wird.

! Zusätzlich zu den antioxidativen Wirkungen haben die in *nativem Olivenöl extra* enthaltenen phenolischen Verbindungen einen ausgeprägt entzündungshemmenden Effekt und eine antimikrobielle Schutzwirkung.

Antioxidantien

Oxidativer Stress spielt vermutlich bei der Entstehung verschiedener Erkrankungen wie etwa der koronaren Herzkrankheit oder Krebs eine zentrale Rolle. Immer mehr wissenschaftliche Befunde sprechen dafür, dass Antioxidantien gegen oxidativen Stress und die Oxidation von LDL-Cholesterin schützen können.

Ein kleiner, einfacher Exkurs in die Chemie ist nötig, um die Wirkungsweise von Antioxidantien verständlich zu machen. Jedes Atom besteht aus noch kleineren Teilchen, und zwar aus neutralen (Neutronen), negativ geladenen (Elektronen) und positiv geladenen Teilchen (Protonen). Die Neutronen und die Protonen befinden sich im Atomkern, während die Elektronen auf ihren Bahnen um den Kern kreisen. Manche Atome und Moleküle (die ja aus mehreren Atomen bestehen) sind negativ geladen, d. h. sie haben mehr Elektronen als Protonen, und andere sind positiv geladen – ihnen fehlen Elektronen. Daher sind die Atome immer bestrebt, mit anderen Elementen Verbindungen einzugehen, um ihre Ladung zu neutralisieren. Dabei teilen sie sich ein Elektron. Ist ein Elektron trotzdem ohne Gegenüber, so spricht man von einem ungepaarten Elektron.
Bei den unzähligen chemischen Reaktionen im menschlichen Organismus entstehen viele verschiedene instabile Zwischenprodukte, die ungepaarte Elektronen enthalten. Diese Stoffwechselzwischenprodukte sind sehr reaktionsfreudig, da sie mit aller Gewalt versuchen, einem anderen Atom das fehlende Elektron zu entreißen. Diese Zwischenprodukte nennt man Freie Radikale, z. B. Sauerstoffradikale. Gibt ein Atom ein Elektron an ein anderes ab, meist unter Sauerstoffbeteiligung, so spricht man von **Oxidation**. Das so geschädigte Atom oder Molekül wird dann seinerseits zu einem Radikal und ist bestrebt, einem anderen Atom das fehlende Elektron zu stehlen. Es entsteht eine gefährliche Kettenreaktion.

Auf diese Weise können lebenswichtige Stoffe, wie Vitamine oder Adrenalin, zerstört und Körperzellen geschädigt werden. Das genetische Material und das Sperma können angegriffen, Nervenzellen und Zellen im Auge zerstört und Entzündungen gefördert werden. Wegen dieser zahlreichen gefährlichen Auswirkungen werden die Freien Radikale für frühzeitige Alterserscheinungen, Lichtschäden der Haut, Herz-Kreislauf-Erkrankungen und für die Entstehung von Krebs verantwortlich gemacht.

Fettsäuren, die so viele Wasserstoffatome wie möglich aufweisen, werden als **gesättigte Fettsäuren** bezeichnet und finden sich hauptsächlich in tierischen Quellen. **Ungesättigte Fettsäuren** haben weniger Wasserstoffatome. Den einfach ungesättigten Fettsäuren fehlt ein einziges Paar Wasserstoffatome, den mehrfach ungesättigten Fettsäuren fehlen mehr als ein Paar.

Antioxidantien oder Radikalenfänger sind leicht oxidierbare Stoffe, die die Aufgabe übernehmen, solche Radikale abzufangen und zu neutralisieren, indem sie selbst leicht ein Elektron abgeben. Sie schützen den Menschen so vor möglichen Schäden, die durch Freie Radikale verursacht werden (vorzeitiges Altern, Abwehrschwäche, Krebs). Ihre Funktion zeigt sich zum Beispiel, wenn man Zitronensaft (Vitamin C) auf einen Apfelschnitz träufelt. Die Frucht färbt sich dort nicht braun – ihre Zellen werden vom Vitamin für eine Weile vor dem Absterben bewahrt. Verschiedene dieser lebenswichtigen Moleküle sind allgemein bekannt, z. B. das Vitamin C, Vitamin E, Carotinoide und Q 10. Einige Antioxidantien stellt der Körper selbst her, andere müssen hingegen durch die Nahrung aufgenommen werden.

Das *native Olivenöl extra* ist sehr reich an Antioxidantien. Seine hohe Konzentration an Vitamin E schützt nicht nur vor Herz-Kreislauf-Erkrankungen, sondern bewahrt lebenswichtige Stoffe vor der Oxidation. Das Carotinoid ist die Form, in der das Vitamin A in Gemüse und Obst vorkommt, Betacarotin, das auch reichlich im *nativen Olivenöl extra* vorhanden ist, ist eine Vorstufe des Vitamin A. Dank seines hohen Gehalts an einfach ungesättigten Fettsäuren verhindert das *native Olivenöl extra* u. a. die Oxidation des sehr anfälligen LDL-Cholesterins, indem die einfach ungesättigten Fettsäuren das LDL an sich binden und es zur Leber transportieren, wo es abgebaut wird. Denn erst durch seine oxidative Veränderung wird es dem »schädlichen« LDL-Cholesterin möglich, sich an den Innenwänden der Arterien abzulagern und so mit der Zeit eine Arteriosklerose zu verursachen.

Das im *nativen Olivenöl extra* vorhandene **Oleuropein** hat neben der bakteriziden und viruziden Wirkung eine mächtige antioxidative Eigenschaft. Seine antioxidative Wirkung ähnelt derjenigen der allgemein bekannten Flavonoide, die Pflanzeninhaltsstoffe, die für die Färbung von Blütenblättern verantwortlich sind und die beispielsweise in Traubenzucker und den Schalen von Zitrusfrüchten vorkommen.

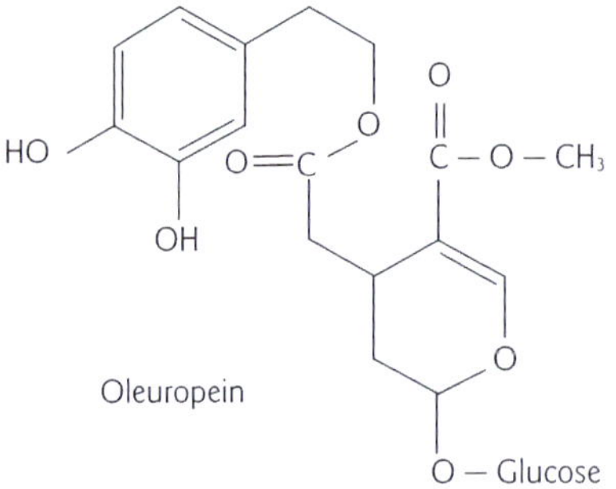

Oleuropein

Geschmacks- und Aromastoffe

Vermutlich sorgen über 70 Verbindungen dafür, dass Geschmack und Aroma von Oliven und nativem Olivenöl so einzigartig sind. Aldehyde, aliphatische und aromatische Kohlenwasserstoffe, Alkohole, Ketone, Ester sowie Furan- und Thioterpen-Derivate tragen zum angenehmen Duft und Geschmack des nativen Olivenöls bei. Darüber hinaus scheinen diese Geschmacks- und Aromastoffe jedoch noch einen anderen wichtigen Nutzen zu haben. Die Blätter und Früchte des Olivenbaums haben eine natürliche Resistenz gegenüber Angriffen von Mikroben und Insekten. Eine Ursache hierfür liegt in der antimikrobiellen Aktivität der Aromastoffe. Die meisten Verbindungen wirken erwiesenermaßen antimikrobiell gegenüber einer Reihe unterschiedlicher Mikroorganismen, darunter *Staphylococcus aureus*, *Streptococcus mutans*, *Escherichia coli*, *Candida albicans* und *Aspergillus niger*.

Die Wissenschaftler schätzen, dass das native Olivenöl rund 1000 aktive biologische Wirkstoffe besitzt!

Kohlenwasserstoffe

Der bedeutendste Kohlenwasserstoff im nativen Olivenöl ist das Squalen. Es ist im *nativen Olivenöl extra* in Mengen von rund 400 bis 450 Milligramm pro 100 Gramm enthalten. Squalen wird in der Arznei-, Lebens- und Futtermittelindustrie häufig zugesetzt. In Kosmetika bildet es als Feuchthaltemittel oder Emulgator oft sogar einen Hauptbestandteil. Zahlreiche Wissenschaftler weisen darauf hin, dass die antikarzinogene Wirkung des *nativen Olivenöles extra* wohl auch auf den hohen Anteil von Squalen zurückzuführen ist. Eine derartige Schutzwirkung des Squalen wurde jedenfalls durch zahlreiche Tierversuche nachgewiesen.

Sterine

Sterine sind wesentliche Bestandteile der Zellmembranen und werden von Tieren und Pflanzen synthetisiert. Chole*sterin* ist das bekannteste Sterin; es ist ein ausschließlich tierisches Sterin. Natives Olivenöl ist absolut cholesterinfrei! Die im *nativen Olivenöl extra* vorkommende Gesamtmenge an Sterinen bewegt sich zwischen 113 und 265 Milligramm pro 100 Gramm. Die Verabreichung größerer Mengen pflanzlicher Sterine reduzierte in Versuchen das Blutcholesterin. Die LDL-Konzentration im Blut konnte um neun bis 14 Prozent gesenkt werden, während sich keinerlei Auswirkungen auf das sogenannte »gute« HDL-Cholesterin zeigten. Die Berichte über antikarzinogene Wirkungen der pflanzlichen Sterine mehren sich. Hierbei sind die Phytosterine, insbesondere das Beta-Sitosterin, zu erwähnen. Die Ergebnisse der wenigen Studien, die es zu diesem Thema gibt, sind vielversprechend. Phytosterine könnten sich bei Prostata-, Dickdarm-, Brustkrebs- und Magenkrebserkrankungen deutlich antikarzinogen auswirken.

Natives Olivenöl extra – unentbehrlich für die Gesundheit

Prinzipiell hat *natives Olivenöl extra* folgenden positiven Einfluss auf die Gesundheit:

Blutkreislauf: Das *native Olivenöl extra* schützt vor Arteriosklerose und ihren Folgen, vor Bluthochdruck, Herzinfarkt, Nierenschwäche und Gehirnblutungen.

Verdauungsapparat: Die im *nativen Olivenöl extra* enthaltenen Scharf- und Bitterstoffe verbessern die Magen- und Pankreasfunktionen, die Funktionen des Darmes, der Leber und der Gallenwege und schützen vor der Bildung von Gallensteinen. Positive Auswirkungen konnten auch bei Gastritis und Zwölffingerdarmgeschwüren beobachtet werden. Außerdem hat *natives Olivenöl extra* eine leicht abführende Wirkung.

Haut: Wegen seines hohen Gehalts an Vitamin E und der damit verbundenen antioxidativen Wirkung hat das *native Olivenöl extra* eine schützende und tonische Wirkung auf die Epidermis.

Es ist im Besonderen angezeigt, Hautschäden, z. B. Schwangerschaftsstreifen, vorzubeugen und die Zeichen der Hautalterung zu vermindern.

Endokrines System: *Natives Olivenöl extra* verbessert die Stoffwechselfunktionen des menschlichen Organismus. Als Teil der Mittelmeerdiät stellt es eine der besten Möglichkeiten dar, vor Diabetes zu schützen bzw. diesen unter Kontrolle zu halten.

Knochen: Das *native Olivenöl extra* regt das Wachstum an und unterstützt die Aufnahme von Kalzium sowie dessen Mineralisation. Es spielt eine wichtige Rolle in der Wachstumsphase von Kindern und in der Osteoporosevorbeugung.

Krebs: *Natives Olivenöl extra* schützt nachgewiesenermaßen vor den verschiedensten Tumoren wie Brustkrebs, Prostatakrebs, Dickdarmkrebs, Magenkrebs, Lungenkrebs, Zervix- und Ovarialkrebs.

Radioaktivität: Nachdem Wissenschaftler herausgefunden haben, dass das *native Olivenöl extra* den Schutz vor Schädigungen durch Radioaktivität erhöhen kann, wurde es in den Speiseplan der Astronauten aufgenommen.

Ernährung von Kleinkindern: *Natives Olivenöl extra* ist *das* natürliche Fett schlechthin, das in seiner Zusammensetzung und seiner guten Verträglichkeit der Muttermilch am meisten ähnelt. Ölsäure ist auch in der Muttermilch vorhanden. Sie hat eine besondere Bedeutung bei der Bildung der Zellwände und spielt außerdem eine unverzichtbare Rolle beim Knochenwachstum sowie für die Entwicklung des Gehirns und des Nervensystems von Kleinkindern. Aus diesem Grund fügen tunesische Mütter dem Brei ihrer Säuglinge (Getreidebrei, püriertes Gemüse, Fleisch oder Fisch) immer einige Tropfen *natives Olivenöl extra* hinzu. Aber auch schon während der Stillphase ist es von immensem Nutzen, wenn die Mutter sich gesund ernährt und es als Hauptfettlieferanten in ihren Speiseplan aufnimmt.

Alterung: Es ist bekannt, dass die im *nativen Olivenöl extra* reichlich enthaltenen Antioxidantien eine wesentliche Rolle im Kampf gegen die vorzeitige Alterung spielen und somit zu einer höheren Lebenserwartung führen können.

Neue Deutsche Welle: Fettpunkte zählen und fettreduzierte Nahrung konsumieren!

Seit einiger Zeit wird von den Medien, Krankenkassen und vielen »Gesundheitsaposteln« eine streng fettreduzierte Ernährung propagiert. Die Werbeagenturen greifen dieses Thema stets gerne auf und es finden sich immer mehr fettfreie oder fettarme Lebensmittel in den Regalen der Supermärkte. Doch dieser Trend kostet den Verbraucher eine Menge Geld und ist dabei doch weder außergewöhnlich förderlich für die Gesundheit noch besonders erfolgversprechend bei der Gewichtsreduzierung. Sicher hat Fett viele Kalorien und ein zu sorgloser Fettkonsum ist für viele sogenannte Zivilisationskrankheiten der heutigen Zeit verantwortlich. Doch dieses Thema ist erheblich vielfältiger, als dem Verbraucher gerne vorgemacht wird, und man muss die Tatsachen differenziert betrachten. Wie schon im Abschnitt »Cholesterin und Fettsäuren« dargelegt, ist Fett für eine gesunde Ernährung und einen normalen Stoffwechsel unbedingt erforderlich. Der menschliche Körper braucht die hohe Energie des Fettes, um seine Vitalfunktionen aufrechtzuerhalten. Als Träger der fettlöslichen Vitamine A, D, E und K ist es unverzichtbar, denn nur in Verbindung mit Fett ist der Körper überhaupt in der Lage, diese Vitamine aufzunehmen. Fette und Öle bestehen aus drei verschiedenen Fettsäuren: den gesättigten Fettsäuren, den mehrfach ungesättigten Fettsäuren und den einfach ungesättigten Fettsäuren. Je nach Art und Qualität des Fettes oder Öls ist aber die Zusammensetzung ganz unterschiedlich.

Die verschiedenen Fettsäuren haben ganz unterschiedliche Auswirkungen auf den menschlichen Körper. Die Natur des Fettes, das man zu sich nimmt, hat nachweislich einen direkten Einfluss auf den Cholesterinspiegel im Blut sowie auf die HDL / LDL-Werte. Die gesättigten Fettsäuren, die mit tierischen Produkten aufgenommen werden, erhöhen den Cholesterinspiegel und können schwerwiegende Herz-Kreislauf-Erkrankungen verursachen. Die mehrfach ungesättigten Fettsäuren, die vorwiegend in Fisch, Meerestieren und vielen pflanzlichen Ölen enthalten sind, senken zwar den Cholesterinspiegel, aber leider ganz undifferenziert. Sie verringern nämlich das »schlechte« LDL-Cholesterin, das für die Entstehung von Plaques an den Arterieninnenwänden verantwortlich gemacht wird, haben aber die gleiche Wirkung auch auf das »gute« HDL-Cholesterin. Eine fatale Wirkung, denn das HDL-Cholesterin neutralisiert die schädliche Wirkung des LDL-Cholesterins, indem es dieses an sich bindet, zur Leber transportiert und so zu seinem natürlichen Abbau beiträgt. Die einfach ungesättigten Fettsäuren senken dagegen den Gehalt an LDL-Cholesterin, erhalten aber gleichzeitig das HDL-Cholesterin in voller Höhe, dessen schützende Wirkung demzufolge nicht beeinträchtigt wird.

Obwohl allein der zusätzliche Verzehr von *nativem Olivenöl extra* bei einer ansonsten unveränderten Ernährung zu einer bemerkenswerten Senkung des Blutdrucks führen kann, geht es nicht darum, dieses – etwa wie ein Medikament – zusätzlich zu der normalen Ernährung zu verwenden. Für einen größtmöglichen positiven Effekt auf die Gesundheit und auf das Gewicht ist es unerlässlich, die tierischen Fette weitestgehend durch *natives Olivenöl extra* zu ersetzen.

In der Bundesrepublik Deutschland werden beispielsweise pro Kopf täglich durchschnittlich 130 Gramm Fett verzehrt. In den anderen westlichen Ländern sind die Zahlen ähnlich. Die empfohlene Menge liegt jedoch bei durchschnittlich 65 bis 80 Gramm, das sind etwa 30 Prozent der täglichen Kalorienmenge. Aus diesem Grund ist eine Reduzierung des Fettanteils auf 25 bis 37 Prozent der totalen aufgenommenen Kalorienmenge vernünftig und erstrebenswert. Primäres Ziel sollte allerdings sein, die ungesunden Fette mit einem hohen

Anteil an gesättigten und mehrfach ungesättigten Fettsäuren, z.B. aus Fleisch und Milchprodukten sowie Meeresfrüchten, Fisch, Soja-, Mais- und Sonnenblumenöl, zu reduzieren und durch das gesunde Fett des *nativen Olivenöls extra* mit einem hohen Anteil an einfach ungesättigten Fettsäuren zu ersetzen. Hier liegt der entscheidende Unterschied zu dem von der Industrie beworbenen Fettverzicht.

Ein einleuchtendes Beispiel hierfür geben die USA, das Land der Ernährungsberater, Vitamintabletten und Diäten. Sie sind praktisch die Erfinder des »gesunden« Lebensstils mit massenweise »Low-Fat-Produkten« und immer wieder neuen Schlagzeilen machenden Diäten. Die Vereinigten Staaten haben inzwischen die höchste Krebsrate der Welt. Alle 30 Sekunden stirbt dort ein Mensch an einer Herz-Kreislauf-Erkrankung. Es hat noch nie so viele absurd dicke Menschen gegeben wie heute in den USA, die sich jedoch von einer zur nächsten Diät abmühen und trotzdem immer dicker werden.

Natives Olivenöl extra ist umso gesünder, je mehr andere Fette es in der täglichen Ernährung ersetzt!

Nach Ansicht der 42 renommierten Wissenschaftler, die im Jahr 2000 an der Internationalen Konferenz über mediterrane Ernährungsweise teilnahmen, ist bei der mediterranen Ernährung nicht einmal eine Beschränkung der Fettaufnahme nötig, wenn nicht insgesamt zu viele Kalorien aufgenommen und vorwiegend pflanzliche Fette mit einem geringen Anteil an gesättigten Fettsäuren verzehrt werden. Zwei Studien des »Health Research and Studies Center« in Kalifornien haben ergeben, dass der Wechsel von einer eher okzidentalen Ernährung mit viel Fleisch und Milchprodukten zu einer eher mediterranen Diät, bei der *natives Olivenöl extra* der Hauptfettlieferant ist, nicht zu einer Gewichtszunahme führt, selbst wenn sich die totale aufgenommene Fettmenge erhöhen sollte. Obwohl sich der totale Fettverbrauch vergrößerte, konnte bei den Konsumenten keine Gewichtszunahme festgestellt werden. Man kann also weiterhin mit ruhigem Gewissen seine Lieblingsspeisen zu sich nehmen, vorausgesetzt man verzichtet auf die herkömmliche Zubereitung mit »schlechtem« Fett und verwendet vorzugsweise *natives Olivenöl extra*, um diese Speisen zuzubereiten oder zu verfeinern.

Nur vier Wochen nach dem Wechsel zur mediterranen Ernährung verändern sich die Blutwerte nachweislich: Der Gesamtcholesterinwert verringert sich ebenso wie der LDL-Wert.

Mediterrane Ernährung

Gesunde Ernährung ist nicht eine Frage des Geschmacks oder des eigenen Gutdünkens, sondern wurde vielmehr von kompetenter Stelle verbindlich definiert. Während der Internationalen Konferenz über mediterrane Ernährungsweise im Jahr 2000 in London einigten sich die anwesenden, international hoch angesehenen Mediziner und Wissenschaftler der verschiedensten Fachrichtungen auf ein Konsensus-Statement, das deutlich macht, was man unter gesunder Ernährung zu verstehen hat. Die darin beschriebene Ernährung stimmt vollkommen mit der sogenannten mediterranen Kost überein.

Doch was ist überhaupt die »mediterrane Ernährung«? Der Ausdruck bezeichnet Ernährungsgewohnheiten, die Anfang der 1960er Jahre in einigen Mittelmeergebieten typisch waren. Die Ernährungswissenschaftler und Mediziner wählten diesen Zeitraum und diese geografische Lage aus folgendem Grund:

Anfang der 1960er Jahre war die Lebenserwartung für Erwachsene bei den Populationen in mediterranen Gebieten weltweit am höchsten. Trotz der Mängel in der Gesundheitsversorgung waren die Raten an Herz-Kreislauf-Erkrankungen, bestimmten Krebskrankheiten und einigen anderen ernährungsbedingten chronischen Erkrankungen die niedrigsten weltweit.

Der Zusammenhang zwischen der Ernährungsweise, die in den Ländern rund um das Mittelmeer viele gemeinsame Kennzeichen aufweist, und den niedrigen Raten an chronischen Erkrankungen sowie einer hohen Lebenserwartung für Erwachsene konnte in zahlreichen internationalen epidemiologischen Untersuchungen nachgewiesen werden.

1952 starteten die amerikanischen Forscher Ancel und Margaret Keys zusammen mit vielen anderen Wissenschaftlern die sogenannte **Sieben-Länder-Studie**. In dieser Untersuchung wurden das Ernährungsverhalten sowie der Gesundheitszustand von 13 000 zu Beginn der Studie gesunden Probanden zwischen 40 und 59 Jahren aus den sieben Ländern Niederlande, Finnland, ehemaliges Jugoslawien, den USA, Japan, Italien und Griechenland über 30 Jahre hinweg untersucht, protokolliert und miteinander verglichen. Während dieser langen Zeit wurde genau festgehalten, was die Teilnehmer der Studie täglich aßen, wie ihr Gesundheitszustand war und an welchen Krankheiten sie litten.

Sowohl die Gesamtsterblichkeit als auch die Zahl der Todesfälle an Herz-Kreislauf-Erkrankungen war in den Ländern am niedrigsten, die natives Olivenöl als Hauptfettquelle verwendeten. Besonders hoch dagegen war die Sterblichkeit in den Ländern, in denen die Nahrung viele tierische Fette (gesättigte Fettsäuren) enthielt. Aufgrund der Ergebnisse dieser Studie ließ sich nachweisen, dass die Ernährungsweise in Griechenland und Italien, die später die »mediterrane Diät« genannt wurde und bei der fast 40 Prozent des Kalorienbedarfs allein durch natives Olivenöl gedeckt werden, Herz-Kreislauf-Erkrankungen vorbeugt und die Lebenserwartung erhöht.

Bei einer anderen Studie, der sogenannten **Lyoner Studie**, wurden 600 Herzinfarkt gefährdete Patienten in zwei Gruppen aufgeteilt. Die eine Gruppe sollte sich fünf Jahre lang nach dem Vorbild der Kreter ernähren (mediterrane Diät), die Teilnehmer der anderen Gruppe behielten ihre gewohnte Ernährung bei. Bereits nach zwei Monaten machte sich bei der »Kreta-Gruppe« ein Schutzeffekt bemerkbar. Die medizinischen Werte verbesserten sich deutlich. Nach zwei Jahren waren die Unterschiede so gravierend, dass die Studie aus »ethischen« Gründen abgebrochen wurde. Die Sterblichkeit war in der »Kreta-Gruppe« um 70 Prozent niedriger als in der anderen Gruppe und plötzliche Todesfälle durch Herzversagen kamen überhaupt nicht mehr vor. Dieses Ergebnis wurde in erster Linie der schützenden Wirkung der zahlreichen Inhaltsstoffe des nativen Olivenöls, wesentlicher Bestandteil der Mittelmeerdiät, zugeschrieben.

In einer **Harvard Studie** belegten die Wissenschaftler im Jahr 2007, dass die mediterrane Ernährungsweise mit einem hohen Anteil an Obst, Gemüse, Fisch und nativem Olivenöl als Hauptfettquelle das Risiko um 50 Prozent vermindert, neu an der Chronischen Obstruktiven Lungenerkrankung (COPD) zu erkranken. Insbesondere Raucher erkranken an dieser Krankheit, die weltweit die fünfthäufigste Todesursache darstellt. Eine westliche Ernährungsweise mit einem hohen Anteil an raffinierten Saatölen, geräuchertem Fleisch, rotem Fleisch, Pommes Frites und Süßspeisen erhöht dagegen das Risiko, an COPD zu erkranken, um 356 Prozent.

Bestimmten chronischen und degenerativen Krankheiten wie Herz-Kreislauf-Erkrankungen, Diabetes, Bluthochdruck, Übergewicht und Krebs liegt nachweislich eine bedeutsame genetische Disposition zugrunde. Doch dieses höhere Risiko kann jeder selbst, in erster Linie durch sein Ernährungsverhalten, positiv beeinflussen.

Schon vor einigen Jahren verabschiedete eine Expertengruppe ein Konsenspapier als Empfehlung der Europäischen Union. »Die wissenschaftliche Beweisführung ist ausreichend«, heißt es dort, »um Kampagnen zu rechtfertigen, welche Politikern, Regierungen, Gesundheitsämtern, Ärzten, Gesundheitserziehern, Medien, Ernährungsspezialisten, Lebensmittellieferanten und -produzenten, Schulen und der Öffentlichkeit nahelegen, dass [natives] Olivenöl und die Prinzipien der mediterranen Ernährung von großem Nutzen sind für die Ernährung in den europäischen Ländern. Es besteht Einigkeit darüber, dass … eine mediterrane Ernährung, in welcher [natives] Olivenöl die grundlegende Fettquelle ist, kardiovaskuläre Erkrankungen, Fettstoffwechselstörungen, Hochdruck, Diabetes und Übergewicht und damit die … Ursachen der koronaren Herzkrankheit vermindert. Außerdem besteht Einigkeit darüber, dass diese Art der Ernährung auch eine präventive Rolle gegen verschiedene Formen von Krebserkrankungen spielt.«

Die traditionelle gesunde mediterrane Ernährungsweise kann in groben Zügen wie folgt beschrieben werden:

- täglich hochwertiges *natives Olivenöl extra* als Hauptnahrungsfett
- täglich ausreichend Frischkost in Form von Salaten und frischem Obst
- täglich eine Fülle an schonend zubereitetem Gemüse
- eine Fülle an pflanzlichem Eiweiß in Form von Brot und anderen Getreideprodukten, Kartoffeln, Hülsenfrüchten, Nüssen und Samen
- bis zu vier Eier pro Woche
- mäßig tierisches Eiweiß, d. h. geringe bis mäßige Mengen an Fisch und Geflügel
- geringe Mengen an rotem Fleisch
- überwiegend wenig verarbeitete, regionale und saisonal frische Lebensmittel
- frisches Obst als Nachspeise, gelegentlich auch süßen Nachtisch, der Zucker oder Honig enthält
- täglicher Verzehr geringer bis mäßiger Mengen von Milchprodukten, in erster Linie Käse und Joghurt
- regelmäßige Verwendung von frischen Kräutern, Gewürzen, Knoblauch und Samen
- in einigen Regionen des Mittelmeeres geringe bis mäßige Mengen Wein, der üblicherweise zu den Mahlzeiten getrunken wird *

Aufgrund der kulturellen Unterschiede und Traditionen in Südfrankreich und Italien, dem Libanon, Marokko, Portugal, Spanien, Syrien, TUNESIEN, der Türkei und den anderen Regionen des Mittelmeerraumes gibt es zahlreiche Varianten der mediterranen Ernährung. Trotz dieser Vielfalt weisen aber alle diese althergebrachten regionalen Ernährungsweisen die oben genannte gemeinsame Struktur sowie folgende Nährstoffzusammensetzung auf:

- Geringer Gehalt an unerwünschten Inhaltsstoffen: wenig gesättigte Fettsäuren, wenig Transfettsäuren, geringer Cholesterin- und Puringehalt, wenig Salz und Zucker
- Hohe Anteile an ernährungsphysiologisch wünschenswerten Bestandteilen: hoher Gehalt an komplexen Kohlehydraten, Ballaststoffen und einfach ungesättigten Fettsäuren

* Eine Ausnahme ist jedoch aufzuführen: Die überwiegend muslimischen Bewohner TUNESIENS, Marokkos, des Libanons und Syriens trinken aus religiösen Gründen keinen Alkohol! Im Hinblick auf die gesundheitlichen und gesellschaftlichen Auswirkungen eines übermäßigen und verantwortungslosen Alkoholkonsums und im Hinblick auf das erhöhte Risiko für viele Krebsarten durch Alkoholmissbrauch ist bestimmten Personen vom Alkoholgenuss grundsätzlich abzuraten. Es ist falsch, auf das tägliche Glas Rotwein als Säule einer gesunden Lebensweise zu bauen! Die positive Wirkung von Wein ist vor allem auf die darin enthaltenen Phenole und anderen nicht alkoholischen Substanzen mit antioxidativer Wirkung zurückzuführen. Diese Substanzen finden sich auch in anderen, nicht alkoholischen Lebensmitteln und Getränken. Sicher ist, dass dem *nativen Olivenöl extra* wegen seiner reichlich vorhandenen antioxidativen Inhaltsstoffe eine viel größere gesundheitliche Rolle zuzuschreiben ist als dem Alkohol. Man sollte Wein darum in Maßen trinken, weil er schmeckt, und nicht, weil er angeblich der Gesundheit förderlich ist!

- Ausreichend Anteile an Omega-3-Fettsäuren/Linolensäure (natives Olivenöl, Fisch, Samen und Nüsse)
- Reich an Vitaminen und Mineralien
- Reich an natürlichen sekundären Pflanzenstoffen (natürlichen Antioxidantien)

Zusammenfassend kann festgestellt werden, dass die beschriebene Ernährungsweise eng mit den traditionellen Ernährungsgewohnheiten in den klassischen Olivenanbaugebieten des Mittelmeerraumes verbunden ist.

Folgende Ernährungspyramide zeigt auf einen Blick die Grundnahrungsmittel, aus denen sich eine gesunde mediterrane Ernährung prinzipiell zusammensetzt. Mithilfe dieser Pyramide ist sie einfach nachzuvollziehen und man kann seine eigenen Ernährungsgewohnheiten problemlos nach diesen Grundprinzipien umstellen und anpassen!

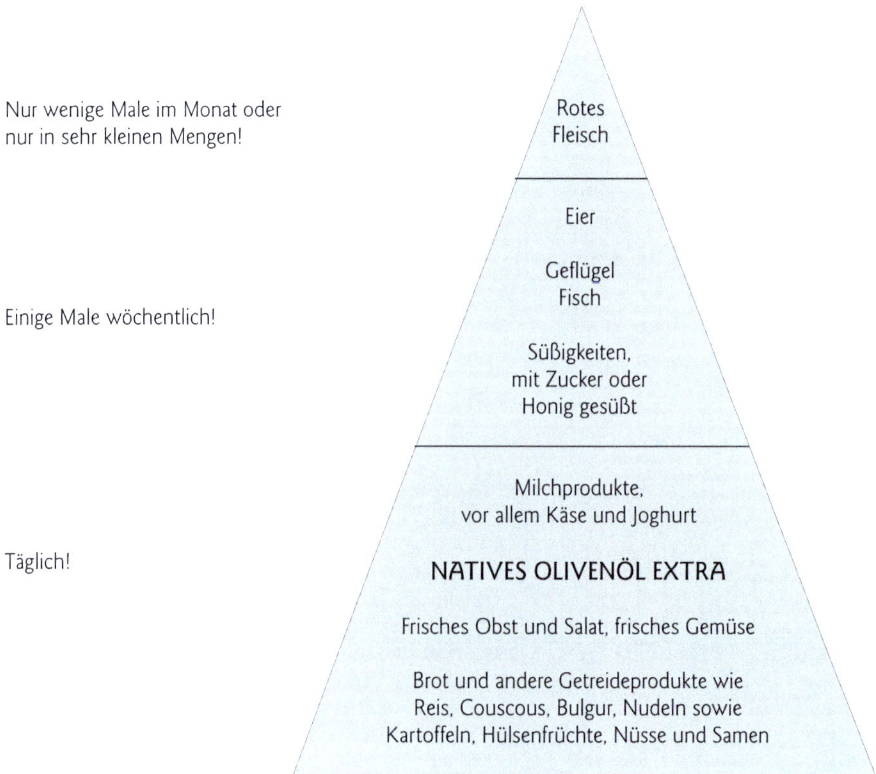

Olivenbaumblätter und ihre heilsame Wirkung

Die älteren Einwohner TUNESIENS kennen noch die gesundheitsfördernde Wirkung von Olivenblättern. Bis heute behandeln sie damit die verschiedensten Krankheiten wie Infektionen, Fieber und Schmerzen. Meine Schwiegermutter empfahl mir, wegen einer leichten Zahnfleischentzündung auf frischen Olivenblättern zu kauen. Im Koran wird ein Auszug von Olivenblättern gegen Verbrennungen erwähnt. Aber auch in Nordeuropa war die heilsame Wirkung der Olivenblätter und ihrer Extrakte früh bekannt. Die heilkundige Benediktinerin Hildegard von Bingen (1098–1179) verabreichte einen Tee aus der Rinde des Ölbaumes gegen Gicht. Mit einem Tee aus Olivenblättern behandelte sie Magenverstimmungen und Verdauungsbeschwerden. Im 19. Jahrhundert behandelten die Wundärzte des spanischen und französischen Militärs ihre fiebernden Soldaten mit Olivenblättertee. Da auch die Malaria mit Fieberschüben einhergeht, verwendeten vor allem die Engländer für die aus ihren Kolonien heimkehrenden Malariakranken ebenfalls diesen Tee.

Anfang des 20. Jahrhunderts konnte man dann einen bitteren Stoff aus den Blättern isolieren, der später **Oleuropein** genannt wurde. Dieser Stoff ist in allen Pflanzenteilen des Ölbaumes enthalten und wird für die hohe Widerstandskraft, Robustheit und gute Immunabwehr dieser Pflanze verantwortlich gemacht. Mit der systematischen wissenschaftlichen Erforschung des Ölbaumblattes konnte die **bakterizide** und **viruzide** Wirkung seiner Inhaltsstoffe nachgewiesen werden.

Ein Tee aus Olivenblättern bzw. Tabletten aus Olivenblattextrakt haben ebenso positive Auswirkungen auf Herz-Kreislauf-Erkrankungen wie sie beim nativen Olivenöl bereits ausführlich beschrieben wurden. Durch eine Erhöhung der Elastizität der Arterienwände und der daraus resultierenden Verbesserung des Blutflusses wird der Entstehung einer Arteriosklerose und ihren möglichen Folgen wie Bluthochdruck und Herzinfarkt aktiv entgegengewirkt.

Vor allem in den letzten 20 Jahren mehren sich die fachlichen Berichte über die den Blutzucker senkenden Eigenschaften von Olivenblättern. Insbesondere beim Diabetes Typ II, dem sogenannten Altersdiabetes, verursacht durch Übergewicht und falsche Ernährung, aber auch beim Diabetes Typ I, dem ein Insulinmangel zugrunde liegt, kann der Blutzucker und hieraus resultierend die benötigte tägliche Insulinmenge durch das regelmäßige Trinken eines Tees aus Olivenblättern oder durch die Einnahme von Olivenblätterextrakt deutlich gesenkt werden.

Pilz- und Herpes-Erkrankungen breiten sich schnell dort aus, wo das Immunsystem geschwächt ist und die Pilze bzw. Herpesviren auf angenehme Wachstumsbedingungen treffen. Auch bei diesen Erkrankungen ist eine Behandlung durch Olivenblättertee bzw. Olivenblätterextrakt wegen seiner das Immunsystem stärkenden Wirkung und wegen seiner Wirkung gegen Infektionen durch

Viren, Bakterien, Retroviren, Pilze und Parasiten die gebotene Alternative ohne bekannte Nebenwirkungen. Aus dem gleichen Grund sollte man Olivenblättertee als Vorbeugung gegen eine winterliche Erkältung oder leichte Grippe bzw. zur Behandlung einer solchen regelmäßig trinken.

Viele Anwender des Olivenblättertees bzw. des Olivenblattextraktes fühlen sich im Anschluss an eine mehrwöchige Kur weitaus wohler als je zuvor. Sie berichten von einem Energieschub, so als ob stille Energiereserven geweckt oder das Energieniveau angehoben würde. Aus diesem Grund ist empfindlichen Menschen vom Genuss eines Olivenblättertees spät am Tag abzuraten, da dies möglicherweise zu Einschlafschwierigkeiten führen kann.

In Nordeuropa wird man in den Geschäften sicher eher getrocknete Olivenblätter vorfinden. Wegen der Empfindlichkeit einiger Inhaltsstoffe sollte man jedoch nach Möglichkeit lieber frische Olivenblätter verwenden. Olivenblätter erhält man in gut sortierten Kräuter- und Gewürzhandlungen, im Teeladen oder man kann sie über das Internet beziehen. Olivenblattextrakt ist über die Apotheke sowie über das Internet zu beziehen. Man sollte sich hierbei an die Dosierungshinweise des Herstellers halten, da die Dosierung von den einzelnen Inhaltsstoffen des Produktes sowie deren Menge und vom jeweiligen Anwender und seinen Beschwerden abhängig ist.

Mit etwas Honig gesüßt verliert Olivenblättertee seinen leicht bitteren Geschmack.

Zubereitung

Ein Olivenblättertee lässt sich leicht zubereiten: Man nehme hierfür zwei Teelöffel frische oder getrocknete Olivenblätter und übergieße sie mit 250 ml kochendem Wasser. Nun den Tee 10 bis 20 Minuten lang ziehen lassen und anschließend durch ein Sieb abseihen. Nach Geschmack mit etwas Honig süßen. Über drei Wochen hinweg jeden Tag am frühen Abend kurmäßig eine Tasse dieser Zubereitung trinken.

Eine etwas andere Zubereitung eines Olivenblättertees wird von den Paracelsus-Schulen gegen Stress und bei Beschwerden während der Menopause empfohlen. Dieses Rezept sieht vor, dass 20 g Olivenblätter mit einem Liter Wasser gekocht werden, bis die Flüssigkeit auf 250 ml reduziert ist. Der so zubereitete Tee wird kurmäßig über einen Zeitraum von einer Woche über den Tag verteilt getrunken.

Eine weniger komplizierte Methode der Zubereitung eines Olivenblättertees ist der Kaltauszug. Hierfür lässt man ca. 20 bis 40 g Olivenblätter in etwa einem Liter kaltem Wasser über Nacht ziehen. Dieser Auszug wird am nächsten Morgen kurz erwärmt. Anschließend wird der Tee abgeseiht und kann so über den Tag verteilt getrunken werden. Die Dauer einer solchen Kur beträgt ebenfalls drei Wochen und wird nach einer Woche Pause wiederholt.

Die tunesische Art, natives Olivenöl zu lieben!

Aus der mediterranen tunesischen Küche ist das native Olivenöl gar nicht wegzudenken. Jede nur erdenkliche Speise wird damit veredelt. Und nichts ist einfacher, als den Tag mit *nativem Olivenöl extra* zu beginnen. Man gießt es einfach auf einen Teller und tunkt das Brot darin ein. Als leckere Variante kann man auch Honig dazugeben – dann trifft süß auf bitter-grün, eine außergewöhnlich schmackhafte Kombination, die unbedingt zu empfehlen ist. Die Tunesier verwenden das native Olivenöl auch für das Sandwich, so wie in anderen Ländern Butter auf das Brot geschmiert wird. Um das selbst gebackene Brot geschmeidig zu machen, kneten die tunesischen Frauen eine beträchtliche Menge lauwarmes *natives Olivenöl extra* in den Brotteig. Die tunesische Harissa, eine Paste aus scharfen roten Paprika, wird auf einem Teller serviert und mit *nativem Olivenöl extra* übergossen sowie je nach Geschmack zusätzlich mit Thunfisch und Oliven garniert. Auf die gleiche Weise verfährt man beispielsweise mit klein geschnittenen Zwiebeln oder mit gegrilltem Knoblauch. So ergeben sich viele weitere Variationen einer schnell zubereiteten köstlichen Beilage zum Dippen. Das *native Olivenöl extra* eignet sich hervorragend dazu, alle möglichen Salate zu verfeinern. Darüber hinaus wird es gern über frisch gegrillten Fisch geträufelt bzw. zur Zubereitung einer Marinade verwendet. Unbedingt aufzuzählen ist auch, dass frisch zubereitete Babynahrung mit einigen Tropfen *nativem Olivenöl extra* verfeinert und qualitativ verbessert wird.

Dies sind nur einige Beispiele, wie in TUNESIEN das rohe *native Olivenöl extra* verwendet wird. Aber auch gekocht ist dieses nicht aus der tunesischen Küche wegzudenken. So muss das traditionelle Couscous unbedingt mit einer ansehnlichen Menge an *nativem Olivenöl extra* zubereitet werden. Auch die vielen verschiedenen Ragouts sowie Fleisch und Fisch im Backofen würden viel an Geschmack einbüßen, würden sie nicht mit diesem Öl gekocht. Man sollte auch nicht allzu sehr an der Menge sparen, denn Fett ist nun mal der Geschmacksträger guter Speisen. Zu guter Letzt sei noch erwähnt, dass sich das native Olivenöl auch ausgezeichnet zum Braten und Frittieren eignet, da es von allen pflanzlichen und tierischen Fetten den höchsten Siedepunkt besitzt.

Neben dem Brot ist das native Olivenöl ganz sicher das Grundnahrungsmittel, auf das der Tunesier wohl am wenigsten verzichten könnte. Aber das *native Olivenöl extra* findet neben dem Gebrauch in der Küche zur Zubereitung von

Speisen noch vielerlei andere Verwendung. Aus den Zeiten, als es noch keinen Kühlschrank gab, entwickelten sich Ess- und Zubereitungsformen, die bis heute erhalten geblieben sind. Früher wie heute wird das Olivenöl zur Konservierung von vielen Lebensmitteln eingesetzt. Auf diese Weise werden Oliven, Harissa, Trockenfleisch und sogar Paprikapulver sowie vieles mehr haltbar gemacht.

Außerdem findet das native Olivenöl in seiner unverfälschten Natürlichkeit vielfältige Verwendung in der Körperpflege und Medizin. Viele tunesische

Für viele Tunesier Hauptnahrungsmittel: Vollkornbrot, *natives Olivenöl extra* und Oliven.

Mütter reinigen auch heute noch ihre Babys in den ersten Lebensmonaten ausschließlich mit nativem Olivenöl. Sehr verbreitet ist auch, natives Olivenöl in den Haaren zu verteilen und es anschließend nicht auszuwaschen. Dies nährt das Haar und hält es geschmeidig, bändigt die afrikanischen Locken und schützt das Haar vor der Sonne, dem Ausbleichen und dem Austrocknen. *Natives Olivenöl extra* mit etwas Zitronensaft vermischt ist ein schnell zubereitetes Hausmittel, das bei Schnupfen und Husten hilft.

Sowohl Oliven, Harrissa und Paprikapulver als auch Trockenfleisch und Thunfisch werden mit nativem Olivenöl haltbar gemacht.

Olivenöl in Medizin und Kosmetik

Olivenölrezepte für die Gesundheit

Der positive Einfluss einer Ernährung mit *nativem Olivenöl extra* als primärem Fettlieferanten wurde bereits im Kapitel »Viel mehr als nur Food« ausführlich dargelegt. Zweifelsohne findet *natives Olivenöl extra* in der Küche seine größte Verwendung. Darüber hinaus gibt es aber auch unzählige andere sowohl innere als auch äußere Anwendungsmöglichkeiten, um bei Schmerzen, Unwohlsein und leichteren Verletzungen seine natürliche Kraft wirken zu lassen. *Natives Olivenöl extra* besteht aus rund 1000 aktiven biologischen Stoffen, deren Erforschung teilweise noch am Anfang steht. Doch viele Inhaltsstoffe wurden bereits systematisch analysiert und ihre positiven Auswirkungen auf die Gesundheit in vielen wissenschaftlichen Studien eindeutig nachgewiesen. In der Antike galten sogar die Rinde als auch die Blüten und Blätter des Olivenbaums als Heilmittel bei Geschwüren, Infekten und eitrigen Fingerentzündungen. Außerdem sagte man den Olivenblüten eine fiebersenkende Wirkung nach.

In diesem Kapitel werden nun überlieferte tunesische Anwendungen und Mixturen auf der Basis von *nativem Olivenöl extra* vorgestellt, deren Wirksamkeit, vor allem was das Olivenöl angeht, auch wissenschaftlich nachgewiesen wurde. Trotzdem muss nachdrücklich darauf hingewiesen werden, dass es sich bei den Anwendungsbeispielen nur um *allgemeine Hinweise* handelt und dass man vor allem bei schwerwiegenden gesundheitlichen Problemen und um eine genaue Diagnose zu erhalten einen Arzt hinzuziehen sollte.

Die Qualität des nativen Olivenöls ist bei den folgenden Rezepten von entscheidender Bedeutung! Je besser seine Qualität, desto mehr aktive Substanzen sind darin enthalten.

Um möglichst große Effekte erzielen zu können, sollte man sich daher ein qualitativ hochwertiges natives Olivenöl gönnen, ein sehr gutes *natives Olivenöl extra* beispielsweise, wenn möglich sogar ein zertifiziertes biologisches *natives Olivenöl extra*, das naturrein ist und keinerlei Schadstoffe enthält.

Allroundmittel Lavendelöl

Äußerlich angewandt lindert dieses Lavendelöl mit *nativem Olivenöl extra* Hautekzeme, wenn es nach dem Bad leicht in die betroffenen Stellen einmassiert wird. Es hilft aber auch bei leichteren Verbrennungen und bei Sonnenbrand. Dieses aus frischen Lavendelblüten gewonnene Präparat eignet sich überdies zur Einnahme und ist bei Migräne und Schwindel sowie bei einem nervösen Magen zu empfehlen. Man träufelt dafür etwa 5 bis 6 Tropfen dieses Lavendelöls auf ein Stück Würfelzucker.

Das Lavendelöl wird folgendermaßen hergestellt: In einer durchsichtigen Glasschüssel vermengt man eine Handvoll frische Lavendelblüten mit einem Liter *nativem Olivenöl extra*. Nun wird die Schüssel in die pralle Sonne gestellt. Nach drei Tagen wird das Öl sorgfältig gefiltert. Anschließend mischt man erneut eine Handvoll frische Lavendelblüten in das auf diese Weise gewonnene Öl und lässt das Ganze für weitere drei Tage in der prallen Sonne stehen. Dies wiederholt man noch einige Male (insgesamt etwa vier bis fünf Durchgänge), bis das Öl sehr stark nach dem Lavendel duftet. Nun muss es noch einmal äußerst sorgfältig gefiltert werden, denn jegliche Rückstände verringern die Haltbarkeit. Anschließend das Lavendelöl in eine gut verschließbare dunkle Flasche füllen und an einem kühlen Ort lagern.

Arthritis

Die Arthritis tritt mit Schmerzen in den Gelenken auf; sie sind rot, empfindlich, angeschwollen und heiß. Um eine Schmerzattacke erträglich zu machen, kann man eine Paste aus Kürbisblättern leicht selbst herstellen. Hierzu zerreibt und vermischt man Kürbisblätter mit *nativem Olivenöl extra*, bis sich eine homogene Masse gebildet hat. Die schmerzenden Gelenke werden mit dieser Paste vorsichtig massiert.

Ekzem und rissige Haut

Das Auflegen einiger in *nativem Olivenöl extra* eingelegter Kohlblätter hat sich bei trockenen Hautekzemen und bei rissiger Haut wie auch bei Prellungen sehr bewährt. Hierzu werden die sauberen Kohlblätter für etwa eine halbe Stunde in *natives Olivenöl extra* gelegt, bis sie das Öl aufgenommen haben und weich geworden sind. Nun diese Kohlblätter auf die betroffenen Stellen legen und mit einem Leinentuch fixieren. Zwischen ein und drei Stunden wirken lassen.

Erkältungen und Husten

Dies ist ein altbewährtes tunesisches Hausrezept gegen leichte Erkältungen und Husten, das bis heute in ganz TUNESIEN Verwendung findet und das von den Älteren an die nächste Generation weitergegeben wird: *Natives Olivenöl extra* wird zu gleichen Teilen mit möglichst frisch gepresstem Zitronensaft oder nach Möglichkeit mit dem Saft aus tunesischen »Beldi« (kleine kugelrunde Zitronenfrüchte) vermischt und mindestens am Morgen und am Abend, besser noch über den Tag verteilt, getrunken.

Fußbad gegen müde Füße

Nach einem langen Tag auf den Beinen und wenn die Füße sich heiß anfühlen oder geschwollen sind, führt dieses Rezept zu einer raschen Linderung. Hierzu werden jeweils 5 Tropfen ätherisches Salbeiöl, ätherisches Zitronenöl und ätherisches Zypressenöl mit einem Esslöffel *nativem Olivenöl extra* vermischt. Anschließend noch einen Esslöffel Milchpulver oder entsprechend ein Glas Vollmilch hinzufügen und diese Mischung in einem Fußbad mit etwa 35 Grad warmem Wasser verteilen. Die Füße etwa 15 bis 20 Minuten darin baden.

Gelenkbeschwerden

Gegen Schmerzen in den Gelenken hat sich das Einreiben der schmerzenden Stellen mit einem Lavendelöl auf Olivenölbasis bewährt. Um dieses herzustellen, werden 40g getrocknete Lavendelblüten in einem Liter *nativem Olivenöl extra* eingelegt. Nun lässt man diese Mixtur drei Tage je nach Klima in der Sonne bzw. auf der Heizung ziehen. Anschließend wird das Öl gründlich abgeseiht und in eine dunkle, verschließbare Flasche abgefüllt.

Gichtanfälle

Pinienöl: Einen Esslöffel *natives Olivenöl extra* mit 10 Tropfen ätherischem Pinienöl vermischen und damit die geschwollenen und schmerzenden Gelenke vorsichtig massieren.

Kamillenöl: 60g getrocknete Kamillenblüten in einen halben Liter *natives Olivenöl extra* geben. Für vier Tage in die Sonne stellen und ziehen lassen oder, um die Herstellungszeit zu verkürzen, im Wasserbad zwei Stunden leicht erwärmen. Sehr sorgfältig filtern und in eine verschließbare Flasche gießen. Die schmerzenden und geschwollenen Gelenke damit vorsichtig einreiben.

Gingivitis (Zahnfleischentzündung)

Wenn man unter einer Zahnfleischentzündung leidet oder das Zahnfleisch empfindlich geworden ist, sollte man dieses regelmäßig mit *nativem Olivenöl extra* massieren.

Wer frische Olivenblätter zur Hand hat, kann auf einigen Blättern kauen und diesen Blätterbrei für eine Weile im Mund behalten und wirken lassen. Diese Prozedur möglichst einige Male am Tag wiederholen.

Hühneraugen

Zwei bis drei Knoblauchzehen ungeschält im Backofen oder auf dem Grill garen lassen, bis sie weich sind. Anschließend die Knoblauchzehen schälen, mit der Gabel zerdrücken und mit einem Teelöffel *nativem Olivenöl extra* gut vermischen. Diese Paste auf das Hühnerauge auftragen, mithilfe einer Kompresse oder einem Pflaster fixieren und für einige Stunden, noch besser über Nacht, wirken lassen.

Insektenstiche

Zwei Esslöffel *natives Olivenöl extra* mit einem Eiweiß verquirlen und auf den Insektenstich auftragen. Schnell wird der Juckreiz gelindert!

Kopfschmerzen und Migräne

Wer unter Kopfschmerzen oder Migräne leidet, sollte mit kleinen kreisenden Bewegungen seine Schläfen mit einem Lavendelöl massieren. Hierzu eignet sich sowohl das Öl aus frischem Lavendel von Seite 111 (Allroundmittel) als auch das folgende Rezept: 100 Tropfen ätherisches Lavendelöl mit 10 cl *nativem Olivenöl extra* vermischen.

Leber, Leberkoliken und Gallensteine

Natives Olivenöl extra regt die Ausschüttung von Gallenflüssigkeit in den Verdauungstrakt an, ohne selbst den Cholesteringehalt im Blut zu erhöhen. Es erleichtert so die Arbeit der Leber. Für Menschen, die unter einer sensiblen oder überlasteten Leber (nach den Festtagen beispielsweise) leiden, empfiehlt es sich, vor jeder Mahlzeit einen Esslöffel *natives Olivenöl extra* zu sich zu nehmen.

Im Falle von Gallensteinen sollte man jeden Morgen, etwa eine halbe Stunde vor dem Frühstück, einen Esslöffel *natives Olivenöl extra* auf nüchternen Magen zu sich nehmen.

Für die Behandlung einer schmerzhaften Kolik sollte man ein Glas *natives Olivenöl extra* über den Tag verteilt in kleinen Schlucken trinken und sich auf die rechte Körperhälfte betten.

Muskelschmerzen und Muskelkrämpfe

Jasminöl: Man lässt 20 g getrocknete Jasminblüten in einem Liter *nativem Olivenöl extra* etwa sechs Wochen lang ziehen. Während dieser Zeit das Öl zwei bis drei Mal in der Woche umrühren. Anschließend das Jasminöl sorgfältig filtern und in eine dunkle, verschließbare Flasche abfüllen. Dieses Öl bei Bedarf auf die schmerzende Stelle auftragen und nach Möglichkeit leicht einreiben bzw. einmassieren.

Lavendelöl: 10 cl *natives Olivenöl extra* mit 50 Tropfen ätherischem Lavendelöl gut vermischen. Mit diesem Lavendelöl die schmerzenden Muskelpartien vorsichtig massieren.

Lorbeeröl: 50g getrocknete Lorbeerblätter werden in einem halben Liter *nativem Olivenöl extra* eingelegt und dieses an einen warmen Ort, beispielsweise auf die sonnige Fensterbank, gestellt. Man sollte die Lorbeerblätter mindestens zwei Tage ziehen lassen. Danach erhitzt man diese Mischung für zwei Stunden in einem Wasserbad. Anschließend wird das Lorbeeröl gefiltert und in eine verschließbare Flasche abgefüllt. Auch dieses Öl ist für die Massage von schmerzenden Muskelpartien geeignet.

Nächtliche Inkontinenz

Nächtliche Inkontinenz, »Ins-Bett-machen« bei Kindern, die eigentlich schon trocken waren, hat genauso verschiedene Gründe, wie die Kinder verschieden sind. Doch möglicherweise hilft folgende traditionelle Vorgehensweise: Am Abend direkt vor dem Zubettgehen wird der Rücken im Bereich der Nieren mit leicht angewärmtem *nativen Olivenöl extra* eingerieben. Neben dem objektiven Nutzen durch das native Olivenöl hat dieses Rezept noch eine positive Wirkung auf die Psyche des Kindes, wenn ihm erklärt wird, dass damit eine Lösung für sein kleines »Problem« gefunden wurde. Glauben Mutter und Kind fest an die Wirkung dieses Rezeptes, wird das Kind durch seinen eigenen Glauben gestärkt und nimmt diese »Krücke« gern an, um sich selbst zu helfen.

Nierensteine und Nierenkolik

Ursache für eine Nierenkolik sind meist ein oder mehrere Nierensteine. Diese blockieren den Harnleiter und verursachen schnell unerträgliche Schmerzen. Ein Esslöffel *natives Olivenöl extra* zweimal täglich zwischen den Mahlzeiten eingenommen, kann das Herausspülen der Nierensteine unterstützen. Es muss aber ausdrücklich darauf hingewiesen werden, dass es sich hier um eine zusätzliche Maßnahme zur Unterstützung einer herkömmlichen Therapie handelt.

Ohrenschmerzen

Natives Olivenöl extra eignet sich sehr gut zur Behandlung von akuten Ohrenschmerzen. Dreimal täglich träufelt man hierzu mehrere Tropfen lauwarmes Öl in das betroffene Ohr und verschließt dieses mit einem Wattebausch.

Prellungen

Massagen: In den antiken Schriften finden sich zahlreiche Schilderungen über natives Olivenöl als Massageöl bei Prellungen und anderen Muskelschmerzen. Fast schrieb man diesem wundersame Heilerfolge zu. Ein persönlicher Versuch ist es wert. Bei den Massagen mit reinem *nativem Olivenöl extra* nach Möglichkeit die betroffenen Stellen kräftig reiben und massieren.

Honigpaste: Ein halber Liter *natives Olivenöl extra* wird mit 250 g festem Bienenhonig gut vermischt. Eventuell kann man die Mischung im Wasserbad vorsichtig erwärmen, um eine streichfähige Paste zu erhalten. Diese Paste wird mit einer Kompresse auf die betroffene Körperstelle aufgebracht.

Kohlblätter: Man lässt einige Kohlblätter für etwa eine halbe Stunde in *nativem Olivenöl extra* ziehen. Anschließend werden die vollgesogenen Kohlblätter auf die Prellungen gelegt. Mit einem Leinentuch fixieren und zwei bis drei Stunden wirken lassen. Mit dieser ungewöhnlichen Therapie werden gute Ergebnisse erzielt.

Rachitis

Bei der Rachitis handelt es sich um eine gestörte Mineralisation der Grundsubstanz des wachsenden Knochens infolge eines unzureichenden Kalzium- und Phosphatangebots. Sollten hier keine krankhaften Störungen zugrunde liegen, ist es angebracht, alle Salate und möglichst viele andere Gerichte mit *nativem Olivenöl extra* anzurichten. Zusätzlich sollte man die betreffende Person (meist sind es Kinder) mindestens zwei Esslöffel *natives Olivenöl extra* täglich einnehmen lassen. Der französische Mediziner und Autor zahlreicher Bücher, Jean Valnet, empfiehlt, sowohl rachitische Kinder als auch Kinder, die unter einer Anämie leiden, zusätzlich regelmäßig mit *nativem Olivenöl extra* zu massieren.

Schuppenflechte

Man lässt 100 g frische Kirschblätter für eine Woche in 20 cl *nativem Olivenöl extra* ziehen. Anschließend das Öl sorgfältig filtern, auf den erkrankten Hautpartien verteilen und mit Kompressen abdecken. Mindestens eine Stunde wirken lassen.

Sexuelle Unlust

Schon seit Menschengedenken sorgen sich die Menschen um die Aufrechterhaltung und Steigerung ihrer sexuellen Aktivität. In vielen antiken medizinischen Texten finden sich zahlreiche Rezepte hierfür. Diese Anleitungen, seien sie von den Griechen, Phöniziern oder Römern entwickelt, basieren meist auf nativem Olivenöl und finden teilweise bis heute in der mediterranen Gegend Anwendung.

Stimulierendes Bad: Dies ist eines der weniger komplizierten Rezepte: Man nehme einen Esslöffel *natives Olivenöl extra* und füge ihm zwei Esslöffel Milchpulver bzw. zwei Gläser Vollmilch hinzu. Darüber hinaus je 10 Tropfen ätherisches Ylang-Ylang-Öl sowie ätherisches Rosmarinöl zu der Mischung geben. Dies verteilt man nun in seinem Badewasser und verweilt für 20 Minuten darin.

Sodbrennen, Magenschmerzen und Völlegefühl

Bei regelmäßiger Verwendung von *nativem Olivenöl extra* in der Küche vermeidet man wegen dessen leichter Verdaulichkeit das Entstehen von Magenschmerzen, Völlegefühl und Sodbrennen. Außerdem unterstützt das *native Olivenöl extra* den schnellen Übergang der Nahrung zum Darm und wirkt durch die Stimulierung der Produktion und Freisetzung von Gallenflüssigkeit verdauungsfördernd!

Bei Sodbrennen empfiehlt es sich, zusätzlich vor jeder Mahlzeit einen Teelöffel *natives Olivenöl extra* zu sich zu nehmen, da es die Magenschleimhaut schützt und die überschüssige Magensäure auf natürliche Weise neutralisiert.

Sonnenschutz und Aftersun-Lotion

Vier Teile *natives Olivenöl extra* werden mit einem Teil Zitronensaft vermischt. Bevor es in Tunesien die industriell hergestellten Sonnenschutzprodukte zu kaufen gab, wurde die Haut vor dem Sonnenbad mit dieser Emulsion eingeölt. Bis heute wird diese preiswerte Variante in Tunesien gern benutzt, zumal die Haut der Nordafrikaner nicht so einen starken Sonnenschutzfaktor benötigt wie die nordeuropäische Haut. Das in dieser Mischung enthaltene *native Olivenöl extra* pflegt die Haut und hat außerdem eine leicht schützende Wirkung vor UV-Strahlen. Zusätzlich sollte man sich auch nach dem Sonnenbad mit dieser Emulsion pflegen. Sogar auf gereizte und gerötete Haut hat diese Mischung eine wohltuende und beruhigende Wirkung.

Schnell ist eine frische Sonnenschutzemulsion hergestellt.

Wer sich nach dem Sonnenbaden mit *nativem Olivenöl extra* einreibt, hat ein vermindertes Risiko, an Hautkrebs zu erkranken.

Ein japanisches Forscherteam folgerte dies aus seiner Versuchsreihe, bei der nackte Mäuse drei Mal pro Woche UV-Strahlen ausgesetzt wurden. Fünf Minuten nach der Bestrahlung wurden die verschiedenen Versuchsgruppen entweder gar nicht, mit normalem Olivenöl oder mit *nativem Oli-*

venöl extra eingerieben. Bereits nach 18 Wochen konnten bei den unbehandelten Mäusen Tumore entdeckt werden, die mit normalem Olivenöl eingeriebenen Mäuse folgten direkt. Bei den mit *nativem Olivenöl extra* behandelten Mäusen machten sich erst sechs Wochen später die ersten Tumore bemerkbar. Diese waren jedoch deutlich geringer an der Zahl und eindeutig kleiner als bei den anderen Mäusen. Außerdem wurde die Gensubstanz der mit *nativem Olivenöl extra* geschützten Hautzellen auffallend weniger geschädigt.

Stress

Anti-Stress-Massage: Zu einem Esslöffel *nativem Olivenöl extra* werden 10 Tropfen ätherisches Lavendelöl und 5 Tropfen ätherisches Ylang-Ylang-Öl gegeben. Die Schläfen sowie den Solarplexus mit kreisenden Bewegungen massieren.

Beruhigendes Bad: Um sich von einem stressigen Tag zu erholen und seine innere Ruhe zu finden, empfiehlt sich ein Vollbad, in dem folgende Zutaten verteilt wurden: ein Esslöffel *natives Olivenöl extra*, 5 Tropfen ätherisches Majoranöl und 10 Tropfen ätherisches Lavendelöl. Nach 15 entspannenden Minuten ohne waschen oder abduschen aus dem Vollbad steigen und sich nur vorsichtig trocken tupfen. So bleiben die kostbaren Öle noch lange auf der Haut und behalten ihre Wirkung!

Verbrennungen

Bei einer schweren Verbrennung ist natürlich unverzüglich der Notarzt zu alarmieren! Bis zu seiner Ankunft muss die betroffene Stelle unter fließendem kaltem Wasser gekühlt werden. Kleinere Verbrennungen, die in ihrer Tiefe und in ihrer oberflächlichen Ausbreitung gering sind, kann man, nachdem die betreffende Hautpartie zuerst so lange unter kaltes Wasser gehalten wurde, bis der Schmerz abgeklungen ist, mit folgenden Hausmitteln behandeln:

Geschlagenes Olivenöl: Wenn der Schmerz abgeklungen und die Wunde verschlossen ist, wird die Stelle vorsichtig mit *nativem Olivenöl extra* bepinselt, das vorher kräftig (wie bei der Zubereitung einer Salatsauce) geschlagen wurde und emulgiert ist.

Natives Olivenöl extra mit Eiweiß: Zwei Esslöffel *natives Olivenöl extra* werden mit einem Eiweiß unter ordentlichem Schlagen vermischt. Nach der Versorgung unter fließendem kaltem Wasser diese Mixtur vorsichtig auf die verbrannte Hautpartie auftragen. *Natives Olivenöl extra* mit Eiweiß hilft auch bei Insektenstichen und führt schnell zum Verschwinden des Juckreizes.

Vermeidung eines Katers

Plant man einen Abend, an dem vielleicht etwas mehr Alkohol getrunken wird, ist es sehr zu empfehlen, vorher einen Esslöffel *natives Olivenöl extra* zu sich zu nehmen. Das Olivenöl kleidet die Magenwände aus und macht sie so für den Alkohol weniger durchgängig. Der Alkohol geht auf diese Weise nicht so schnell ins Blut über und die Leber hat mehr Zeit, ihn abzubauen.

Verstopfung

Natives Olivenöl ist ein althergebrachtes, natürliches Abführmittel. Um sich von einer unangenehmen Verstopfung zu befreien, ist die Vorgehensweise denkbar einfach: Man kann ein bis zwei Esslöffel *natives Olivenöl extra* am Morgen direkt nach dem Aufstehen zu sich nehmen. Oder man verfeinert am Abend seine Suppe mit einem Extralöffel *nativem Olivenöl extra*. Unter anderem aktiviert das Öl die Produktion von Gallenflüssigkeit, die die Funktion eines natürlichen Abführmittels übernimmt. Die Wirkung des nativen Olivenöls wird noch zusätzlich unterstützt, wenn man ausreichende Mengen Wasser trinkt und genügend Ballaststoffe in Form von Obst, Gemüse und Vollkornprodukten zu sich nimmt.

Olivenölrezepte für die Schönheit

Neben den unzähligen Möglichkeiten, *natives Olivenöl extra* in der Küche zu verwenden, und abgesehen von den zahllosen Gelegenheiten, mit seiner Hilfe der Gesundheit etwas Gutes zu tun, wird natives Olivenöl schon seit vielen Jahrhunderten wegen seiner sekundären Pflanzenstoffe und auch wegen seiner Fettsäurenzusammensetzung, die fast derjenigen des Unterhautfettgewebes entspricht, für die Körper- und Schönheitspflege benutzt.

In diesem Kapitel werden viele Anwendungsbeispiele rund um die Körperpflege zusammengestellt. Dabei muss jedoch betont werden, welch hoher Stellenwert insbesondere dem nativen Olivenöl bei diesen Rezepten zukommt. Es ist nicht immer notwendig, mehr oder minder aufwendige Mixturen zu benutzen, um positive Effekte zu erzielen. Das Schöne ist ja gerade, dass sich das *native Olivenöl extra* in seiner unverfälschten Natürlichkeit auch pur für viele kosmetische Anwendungen gut eignet. Bei der Zusammenstellung der Rezepte wurde darauf geachtet, sie so unkompliziert wie möglich zu halten. Die Qualität des Olivenöls spielt hierbei wiederum eine entscheidende Rolle. Es sollte sich um ein sehr gutes *natives Olivenöl extra* handeln, wenn möglich sogar um ein biologisches. Vergleicht man dessen Preis mit industriell hergestellten Kosmetika, dann ist das *native Olivenöl extra* garantiert um ein Vielfaches preiswerter.

Oliven-Kräuteröle

Oliven-Kräuteröle sind sehr einfach selbst zu kreieren. Man kann praktisch alle Kräuter, Blüten und Wurzeln verwenden, um sie herzustellen, je nachdem, welchen Duft man haben möchte oder welchen Nutzen man aus dem Öl ziehen will. Hierzu nehme man einen Teil der Pflanze (Blätter, Blüten oder Wurzeln), den man mit zwei bis drei Teilen *nativem Olivenöl extra* übergießt und in einer gut verschlossenen, dunklen Flasche etwa einen Monat an einem warmen Ort ziehen lässt. Während dieser Zeit den Inhalt öfter umrühren oder das Gefäß schütteln. Sobald man mit dem Ergebnis zufrieden ist, werden die festen Stoffe sorgfältig abgeseiht und das Oliven-Kräuteröl ist fertig zum Gebrauch. Die Wirk- und Duftstoffe der Pflanze haben sich nun im *nativen Olivenöl extra* aufgelöst.

Derartiges Kräuteröl eignet sich sowohl als Bade- wie auch als Massageöl. Um seine Wirkung zu verstärken oder um seinen Duft zu verfeinern bzw. zu intensivieren, können ihm noch einige Tropfen (für Erwachsene etwa 20 bis 30 Tropfen auf 50 ml Öl) ätherische Öle hinzugefügt werden. Hierbei wirken Rosmarin und Pfefferminze anregend und durchblutungsfördernd, Lavendel beruhigend, entspannend und hautklärend und Zitronenmelisse beruhigend. Ringelblumenblüten eignen sich hervorragend bei Entzündungen und Rötungen der Haut, bei Prellungen und bei schlecht heilenden Wunden.

Babypflege

Viele tunesische Mütter reinigen ihr Neugeborenes während der ersten Monate *ausschließlich* mit *nativem Olivenöl extra*, d. h. wirklich ohne Wasser, und zwar von Kopf bis Fuß. Dies mag einem fremd und merkwürdig erscheinen, aber das *native Olivenöl extra* ist aufgrund seiner Zusammensetzung ausgezeichnet für die Hautpflege geeignet, da es ja reich an einfach ungesättigten Fettsäuren und an Vitamin E ist und in seiner Fettsäurenzusammensetzung dem Hautfett sehr ähnelt. Eine schonende Reinigung ohne Entfettung der dünnen und empfindlichen Säuglingshaut ist besonders wichtig, da diese noch zur Austrocknung neigt und Hautreizungen und Juckreiz die Folge sein können. In manchen Pflegemitteln für Babys finden sich außerdem allergieauslösende und manchmal sogar als krebserregend verdächtigte Konservierungsmittel sowie künstliche Farb- und Duftstoffe. Zudem enthalten sie meist aggressive waschaktive Substanzen, die die sensible Babyhaut austrocknen und zu späteren Hautproblemen führen können.

Soll das Baby trotzdem nicht auf das wohlige Vergnügen eines Vollbades verzichten, können dem Badewasser einige Esslöffel *natives Olivenöl extra* beigefügt werden. So kann man sich das anschließende Einölen sparen. Will man aber nicht auf diesen angenehmen Körperkontakt verzichten, kann die Haut nach dem Bad leicht mit *nativem Olivenöl extra* eingeölt werden. Auf diese Weise ist die empfindliche Haut des Neugeborenen bis zum nächsten Vollbad optimal geschützt. Damit sich das Olivenöl im Badewasser besser verteilt, kann man es mit einem Esslöffel Bienenhonig verrühren. Nach dem Bad vorsichtig abtupfen und nicht reiben. So bleibt der pflegende Ölfilm auf der Haut erhalten.

Füße

Eine Massage, bei der *natives Olivenöl extra* nach einem warmen Fußbad gut in die Füße einmassiert wird, macht die Haut weich und geschmeidig. Hautrisse verschwinden mit der Zeit und die Fußnägel werden gekräftigt.

Um übermäßiges Transpirieren und unangenehmen Geruch der Füße zu vermeiden, kann man diese jeden Abend nach dem Bad oder der Dusche mit folgender Mischung gründlich massieren: 5 Esslöffel *natives Olivenöl extra* werden mit 5 Tropfen ätherischem Zitronenöl und 5 Tropfen ätherischem Salbeiöl vermischt.

Gesicht

Augen-Make-up: Zum Abschminken des Augen-Make-ups gibt man einige Tropfen *natives Olivenöl extra* auf ein Wattepad und wischt sich damit behutsam die Augenlider ab.

Gesichtsreinigung: Eine Gesichtsreinigung mit purem *nativen Olivenöl extra* pflegt und nährt die Haut bereits bei der Anwendung. Während man das Olivenöl sanft in die Haut einmassiert, nimmt es Schmutz- und Staubpartikel sowie selbst tief sitzende Schlackenstoffe auf, die anschließend mitsamt dem überschüssigen Öl mit einem Papiertuch entfernt werden können. Gleichzeitig führt man der Haut bei dieser Prozedur alle wertvollen Inhaltsstoffe des *nativen Olivenöls extra* zu. Als Alternativen bieten sich sowohl Lavendelöl als auch Orangenöl an. Hierzu mischt man 50 ml *natives Olivenöl extra* entweder mit 20 Tropfen ätherischem Lavendelöl oder mit 10 Tropfen ätherischem Orangenöl.

Karottenmaske für empfindliche Haut: Diese Maske ist besonders gut für empfindliche und zu Rötungen neigende Haut geeignet. Hierzu wird der Saft von vier Karotten mit einem Eigelb, einem Esslöffel Honig und einem Esslöffel *nativem Olivenöl extra* gemischt. Diese Mischung wird gleichmäßig auf Gesicht, Hals und Dekolleté aufgetragen. Nach 20 Minuten Wirkzeit wird die Maske sorgfältig und gründlich mit warmem Wasser abgewaschen. Als echter Jungbrunnen für die Zellen findet sich die Karotte oft in selbst gemachten Kosmetika, um vorzeitige Hautalterung zu bekämpfen. Außerdem ist die Karotte wegen ihrer Fähigkeiten zur Wundheilung und wegen ihres hohen Anteils an Betacarotin interessant, denn dies verleiht der Haut einen frischen Teint.

Eigelbmaske, nicht nur für alternde Haut: Diese Eigelbmaske steckt voller Nährstoffe und macht die Haut geschmeidig, nährt und glättet sie. Ein Eigelb und ein Esslöffel Bienenhonig werden mit einem Teelöffel *nativem Olivenöl extra* zu einer Art Mayonnaise verrührt. Man lässt diese Maske ca. 20 Minuten auf der Haut wirken. Anschließend gründlich mit warmem Wasser abspülen. Der für dieses Rezept benötigte Bienenhonig nährt die Haut und wird häufig in der Kosmetik eingesetzt, um die Haut geschmeidig zu machen und ihr Feuchtigkeit zuzuführen. Er ist reich an Vitaminen und einer Vielzahl von Spurenelementen und besonders gut für empfindliche Haut verträglich.

Viele Zutaten für diese Rezepte finden sich in jeder Küche.

Feuchtigkeitsmaske gegen Falten: Das Fruchtfleisch einer reifen Avocado mit dem Saft einer halben Zitrone und zwei Esslöffeln *nativem Olivenöl extra* vermischen. Auf die Haut auftragen und 15 Minuten einwirken lassen. Anschließend mit klarem Wasser sorgfältig abspülen.

Antifaltenmilch: Fünf Esslöffel *natives Olivenöl extra* mit dem Saft einer Zitrone und fünf Esslöffeln Vaseline mischen. Auf der Gesichtshaut verteilen und 15 Minuten wirken lassen. Anschließend gründlich abspülen und die Haut behutsam trocken tupfen.

Maske gegen Akne: Eine Handvoll frischer Lavendelblüten mit einem Esslöffel Crème fraîche und zwei Esslöffeln *nativem Olivenöl extra* gut vermischen. Auf die Gesichtshaut auftragen und 20 Minuten wirken lassen. Anschließend gründlich abspülen.

Maske bei fettiger Haut: Diese Maske ist nicht nur, aber insbesondere für fettige Haut geeignet, weil sie die Poren reinigt, abgestorbene Hautpartikel entfernt und gleichzeitig pflegt und nährt. Hierzu werden vier Esslöffel Heilerde mit zwei Esslöffeln *nativem Olivenöl extra* vermischt. Diese Masse in einer dünnen Schicht auf der Gesichtshaut verteilen und dabei Augen, Nase und Mund großzügig aussparen. 20 Minuten auf der Haut wirken lassen und anschließend sorgfältig abspülen.

Nährende und feuchtigkeitsspendende Maske: Einen Esslöffel Bienenhonig in einem halben Glas lauwarmer Milch verrühren. Vier Esslöffel Mehl und einen Esslöffel *natives Olivenöl extra* hinzufügen. Auf Gesicht und Hals auftragen und 15 Minuten einwirken lassen. Anschließend gründlich abspülen.

Haare

Es ist in TUNESIEN weit verbreitet, nach der Haarwäsche, aber auch zwischen den einzelnen Haarwäschen, *natives Olivenöl extra* in den Haaren zu verteilen und die Kopfhaut damit leicht zu massieren. Auf diese Weise schützen die Tunesierinnen und Tunesier das Haar vor den UV-Strahlen der Sonne, die es schnell austrocknen und bleichen können. Das Haar wird sowohl von außen als auch von innen durch die Haarwurzel genährt und gestärkt. Es ist widerstandsfähiger gegen Sonne, Wind und Salzwasser und lässt sich leichter kämmen. Da das europäische Haar jedoch viel dünner und nicht kraus ist und es schnell schwer und strähnig wird, empfiehlt es sich, zum Testen erst einmal eine sehr geringe Menge *natives Olivenöl extra* in die Haarspitzen zu kneten. Vor der Haarwäsche kann getrost etwas mehr davon in die Haare und in die Kopfhaut einmassiert werden. Anschließend 15 bis 30 Minuten unter einer wärmenden Plastikhaube oder einem Handtuch einwirken lassen und dann sehr gründlich auswaschen. Hat man Probleme, das Olivenöl aus dem Haar zu waschen, kann es mit einer Essig-Wasser-Spülung (1:7) geklärt werden. Jedes Haar reagiert anders und man sollte die Olivenöl-Haarkur nicht unbedingt vor einem wichtigen Termin ausprobieren!

Heilerde-Shampoo für angegriffenes Haar: Man mische ein Eigelb mit zwei Esslöffeln Heilerde, zwei Esslöffeln *nativem Olivenöl extra* und zwei Esslöffeln Zitronensaft. Anschließend wird dieses Shampoo auf das Haar und auf die Kopfhaut aufgetragen und einmassiert. Nach 5 bis 10 Minuten Einwirkzeit das Haar gründlich ausspülen.

Heilerde-Packung für angegriffenes Haar: Zu dem vorherigen Rezept wird zusätzlich ein Teelöffel Hefe hinzugefügt. Nach etwa 30 Minuten Einwirkzeit muss die Packung gründlich ausgespült werden.

Heilerde-Packung für fettendes Haar: Vier Esslöffel Heilerde mit zwei Esslöffeln *nativem Olivenöl extra* sowie 2 Tropfen ätherischem Thymianöl gründlich mischen. Diese Packung nun sorgfältig Strähne für Strähne von den Haarwurzeln bis in die Spitzen auf das Haar aufbringen. 20 Minuten einwirken lassen und anschließend ganz normal mit Shampoo waschen.

Nährende Maske für trockenes und mattes Haar: Ein Eigelb mit einem Esslöffel *nativem Olivenöl extra* verquirlen. Anschließend 20g sehr fein gehackte Mandeln hinzufügen und gut mischen. Diese Packung auf das Haar geben und 15 Minuten einwirken lassen. Danach das Haar normal shampoonieren.

Massageöl gegen Schuppen: Bei einem Schuppenproblem sollte man regelmäßig vor jeder Haarwäsche die Haare und die Kopfhaut mit einer Mischung aus *nativem Olivenöl extra* und Zitronensaft massieren.

Oliven-Kamillen-Öl gegen Gelbstich in grauen Haaren: 100 Tropfen ätherisches Kamillenöl mit 100 ml *nativem Olivenöl extra* vermischen. Diese Mischung wird regelmäßig etwa eine Stunde vor der Haarwäsche in die Kopfhaut einmassiert.

Natürliches Mittel gegen Kopfläuse: *Natives Olivenöl extra* sorgfältig im ganzen

Haar verteilen. Dieses sollte mindestens zwei Stunden mit dem Olivenöl angefeuchtet bleiben. Anschließend gründlich durchkämmen. Die Kopfläuse und ihre Nissen lösen sich nun vom Haar. Um ein optimales Ergebnis zu erzielen, sollte ein Anti-Läuse-Kamm benutzt werden, der ebenfalls mit Olivenöl eingerieben wurde. Um diese natürliche Behandlung möglichst wirkungsvoll zu machen und um zu verhindern, dass die Kopfläuse zurückkommen, empfiehlt es sich, mehrere Male in der Woche die Kopfhaut mit einem Lavendelessig einzureiben. Um diesen herzustellen, lässt man zwei bis drei Handvoll Lavendelblüten in einem Liter weißem Essig zwei Wochen lang ziehen. Anschließend gründlich filtern.

Hände und Nägel

Um trockene und rissige Haut an den Händen zu vermeiden, sollte man diese regelmäßig, am besten mehrere Mal am Tag, mit *nativem Olivenöl extra* einreiben. Hierbei gilt: Je häufiger, desto besser! Nach Wunsch kann man das *native Olivenöl extra* mit etwas Zitronensaft oder einigen Tropfen ätherischem Zitronenöl verfeinern. Gegen rissige Hände hilft auch, einen Esslöffel *natives Olivenöl extra* mit einem Esslöffel Apfelessig zu mischen und sich mehrmals am Tag die Hände damit zu massieren. Oder man reibt sich die Hände morgens und abends mit folgender Mischung ein: Zwei Eigelb werden mit zwei Esslöffeln *nativem Olivenöl extra* verrührt und anschließend 5 Tropfen ätherisches Geraniumöl und 2 Tropfen ätherisches Zitronenöl hinzugefügt.

Gegen brüchige Nägel hilft ein regelmäßiges Nägelbad. Hierzu taucht man seine Fingernägel 5 bis 10 Minuten in lauwarmes *natives Olivenöl extra*. Anschließend können die Fingernägel noch mit einigen Tropfen Zitronensaft eingerieben werden. Überschüssigen Zitronensaft mit einem Reinigungstuch abtupfen.

Lippen

In einem Wasserbad einen Esslöffel Bienenwachs in zwei Esslöffeln *nativem Olivenöl extra* schmelzen lassen. Anschließend vom Feuer nehmen und einen Teelöffel klares Mineralwasser hinzufügen. Diese Masse weiter umrühren, bis sie etwas abgekühlt ist, um sie dann in einen kleinen Tiegel abzufüllen. Diese Creme wird auf die Lippen aufgetragen, sobald sie sich trocken anfühlen.

Mund und Zähne

Um die Zähne und das Zahnfleisch gesund zu erhalten und um das Weiß der Zähne zu bewahren, werden die Innen- und Außenseiten der Zähne sowie das Zahnfleisch mit *nativem Olivenöl extra* eingerieben und leicht massiert. Anschließend kann man mit der »Ölziehkur« fortfahren, bei der der Mund mit einem Schluck *nativem Olivenöl extra* gespült wird und man dieses durch die Zähne »zieht«. Danach sollte dieses Öl auf jeden Fall ausgespuckt und das Ganze noch einmal mit frischem *nativem Olivenöl extra* wiederholt werden. Das native Olivenöl unterstützt hierbei eine Entgiftung und Entschlackung des Körpers, indem es die über Nacht auf der Mundschleimhaut angesammelten Stoffwechselschlacken und Giftstoffe löst und an sich bindet. Dies ist der Grund, weshalb man das Olivenöl lieber nicht herunterschlucken, sondern ausspucken sollte.

Schwangerschaftsstreifen

Zur Vorbeugung von Schwangerschaftsstreifen, die durch das starke Ausdehnen der Haut während der Schwangerschaft oder auch während einer starken Gewichtszunahme entstehen können, werden die betroffenen Hautpartien regelmäßig, am besten morgens und abends, mit *nativem Olivenöl extra* eingerieben.

Tipps für die Rasur

Um die Rasur der Beine, der Bikinizone und der Achseln so angenehm und sanft wie möglich zu gestalten, empfiehlt sich folgende Vorgehensweise: Zu Beginn wird die Haut mit warmem Wasser angefeuchtet. Nun sollte natives Olivenöl auf den zu rasierenden Stellen verteilt und kurz einmassiert werden. Anschließend die Rasiercreme oder den Rasierschaum auftragen und mit der Rasur beginnen. Zum Schluss die Haut mit lauwarmem Wasser abspülen und trocken tupfen. Bei einer Rasur mit nativem Olivenöl wird die Haut minimal strapaziert und gleichzeitig noch gepflegt. Sie benötigt danach keinerlei Aftershaveprodukte mehr, die ihrerseits manchmal die frisch rasierte Haut reizen können.

Tipps und Tricks mit Olivenöl

Weil es früher nicht das reichhaltige Angebot moderner Putz- und Pflegemittel gab, reinigte und pflegte man Geräte und Werkzeuge mit Olivenöl. Natürlich wurde hierfür nicht das hochwertige *native Olivenöl extra* benutzt. Es ist viel zu kostbar für diese Arbeiten und Olivenöl bzw. raffiniertes Olivenöl erfüllen hier den gleichen Zweck. Aufgrund der gegenwärtigen Rückbesinnung auf fast vergessene Praktiken findet das Olivenöl nun wieder Verwendung in Haus und Hof.

Olivenöl eignet sich sehr gut für die **Lederpflege** und macht brüchiges, stark beanspruchtes und ausgetrocknetes Leder wieder weich und geschmeidig. Man reibt nur das gereinigte Leder mithilfe eines trockenen Schwämmchens mit Olivenöl ein und lässt es anschließend gut einziehen und trocknen. Gegebenenfalls kann man diese Behandlung noch einmal wiederholen, sollte die endgültige Farbe nicht gleichmäßig sein. Man wird feststellen, dass durch das Olivenöl sogar die meisten Flecken auf dem Leder verschwinden.

Zur Pflege massiver **Holzmöbel** oder um altem **Holzspielzeug** wieder neuen Glanz zu verschaffen, ölt man das Holz nach gründlicher Reinigung mit Olivenöl ein. Spätestens nach einem Tag ist das gesamte Öl aufgesogen und das Holz glänzt wieder wie neu. Ebenso kann man neue **Marmorflächen** (Fußboden, Küchenarbeitsfläche, Fensterbank etc.) mit Olivenöl versiegeln und auch später von Zeit zu Zeit damit einölen. Hierzu wird das Olivenöl einfach auf den sauberen Marmorflächen gleichmäßig verteilt. Das Olivenöl verschließt die Poren des Marmors und er nimmt so behandelt keinen Schmutz mehr auf, Flecken und Flaschenabdrücke haben keine Chance. Zum Schluss mit einem weichen Tuch nachpolieren. Der Marmor erhält durch das Olivenöl eine sattere Farbe, die charakteristische Marmorierung und sein typischer Glanz kommen hervor. Außerdem verschwinden nach so einer Behandlung die meisten Flecken wie beispielsweise die weißen Säureflecken von Zitronen oder Essig, Fettflecken sowie Flaschen- bzw. Glasränder.

Olivenöl eignet sich natürlich genauso gut wie jedes handelsübliche Maschinenöl, um alle möglichen **mechanischen Gegenstände** und **Werkzeuge** zu schmieren. So können die Oxidation des Metalls und ein Festfressen des Mechanismus verhindert und störendes Quietschen abgestellt werden. Insbesondere metallene Flächen, die später mit Nahrungsmitteln in Berührung kommen, beispielsweise das Messer und die Lochscheiben eines Fleischwolfes, sollte man lieber mit Olivenöl einreiben, um sie vor dem unappetitlichen Rostansatz zu schützen.

Um die **Haut** nach vollendeter Arbeit von **Farb-** und **Schmierölresten** zu befreien, benutzen die meisten Terpentin oder ähnliche Lösungsmittel. Allerdings sind diese Stoffe schädlich für die Haut, die Atmungsorgane und die Augen. Außerdem reinigen sie nicht wirklich gründlich, sondern lösen nur die Verschmutzung auf, verteilen sie großflächig und bringen die Farbreste dazu, noch tiefer in die Haut einzudringen. Sie trocknen die Haut aus und provozieren Hautirritationen. Schlimmstenfalls entwickeln sich Dermatosen. Dabei ist es viel einfacher, effizienter und gesünder, die verschmutzten Hautpartien mit Olivenöl einzureiben. Schnell lösen sich die Flecken auf. Anschließend mit einer normalen Seife abwaschen und gegebenenfalls die Prozedur noch einmal wiederholen, bis der letzte Schmutz beseitigt ist.

Mit Olivenöl und Zitronensaft verleiht man wertvollen Münzen neuen Glanz.

Alte **Münzen**, die eine grün-schwarze Patina angesetzt haben, bringt man ganz einfach wieder zum Glänzen, indem man sie abwechselnd in Olivenöl und in Zitronensaft legt und dort längere Zeit liegen lässt. Anschließend mit einem weichen Tuch nachpolieren und schon glänzen die Münzen wie frisch geprägt.

Mit Olivenöl reinigt man auch **Perlmutt**. Nach einer gründlichen Reinigung wird der Gegenstand mit einem in Olivenöl getränkten Tuch poliert. Außerdem gibt Olivenöl **Bernstein** und **Schildplatt** den ursprünglichen Glanz zurück. Man reinigt einfach die Gegenstände mit Olivenöl und poliert anschließend gründlich nach.

Stumpfem Zinn und Kupfer kann man wieder neuen Glanz verleihen, indem man den Gegenstand mit einer aus Schlämmkreide und Olivenöl gemischten Paste kräftig abreibt. Danach wird er mit einem weichen Tuch gründlich poliert.

Kurz bevor man **Schnittblumen** in die Vase stellt, sollte man sie frisch anschneiden und dann diese Schnittstelle in Olivenöl tauchen. Auf diese Weise wird frühzeitiges Verwelken verhindert.

Das Licht kleiner Öllampen versprüht orientalisches Ambiente.

Mehr als tausend Jahre lang diente das Olivenöl dazu, **Licht** in die Nacht zu bringen. Auf Flohmärkten und im Internet findet man zahlreiche antike oder nachgemachte Öllämpchen verschiedener Epochen. Mit Olivenöl gefüllt und mit einem Docht versehen erzeugen sie stilechtes Ambiente. Um einen **lästigen Geruch** zu überdecken oder um **Fliegen und Mücken** zu vertreiben, kann man dem Olivenöl in den Lämpchen einige Tropfen ätherisches Lavendelöl oder ätherisches Zitronenöl hinzufügen.

Kochen mit Olivenöl

Natives Olivenöl wird in vielen Ländern Nordeuropas und Nordamerikas eher roh für die Zubereitung kalter Speisen und Salate verwendet. In den Olivenöl produzierenden Ländern, die rund um das Mittelmeer gelegen sind, wird das native Olivenöl jedoch ganz selbstverständlich auch zum Kochen, Braten und sogar zum Frittieren benutzt.

Natives Olivenöl eignet sich aufgrund seines hohen Siedepunktes, der je nach Qualität und Säuregrad etwas variiert, besser zum Kochen, Braten und Frittieren als **alle** anderen pflanzlichen und tierischen Fette!

Der Siedepunkt ist der Augenblick, in dem das Öl zu rauchen beginnt und seine chemische Zusammensetzung sich verändert. Durch die große Hitze büßt das Öl viele gesunde Eigenschaften ein, zudem können sich auch schädliche Substanzen bilden. Aus diesem Grund sollte man *stets* darauf achten, dass, egal, um welches Öl es sich handelt, dieses immer nur bis kurz unter den Siedepunkt erhitzt wird, sodass es nicht zu rauchen beginnt. Abhängig von seinem Gehalt an freien Fettsäuren und damit von seiner Qualität liegt der Siedepunkt von Olivenölen zwischen 180 Grad Celsius bei *nativem Olivenöl extra* und 220 Grad bei Olivenöl.

Siedepunkt			
Natives Olivenöl extra	180 °C	Erdnussöl	210 °C
Natives Oivenöl	180 °C	Sonnenblumenöl	170 °C
Olivenöl	220 °C	Butter	110 °C

Eine kleine Rezeptauswahl von traditionellen tunesischen Gerichten soll im Folgenden ein paar Ideen für die wirklich vielfältigen Verwendungsmöglichkeiten von *nativem Olivenöl extra* vermitteln.

Ausnahmslos jedes Öl lässt sich durch *natives Olivenöl extra* ersetzen, insbesondere dann, wenn dieses gereift und mild im Geschmack ist.

Tunesischer Salat

Das Grundrezept des tunesischen Salates basiert auf den drei klassischen Gemüsesorten Tomaten, Paprika und Zwiebeln, die im Sommer überall in TUNESIEN angebaut werden, gut gedeihen und daher vergleichsweise preiswert sind. Man kann diesen Salat variieren, indem man das eine oder andere Gemüse hinzufügt bzw. weglässt.

3 Tomaten, 1 Zwiebel, 2 grüne süße Paprikaschoten oder 3–4 scharfe Peperoni, 1 Gurke und 1 kleiner Apfel (nach eigener Wahl)	in sehr kleine Würfel schneiden und miteinander vermengen. Den klein geschnittenen Apfel gleich mit Zitronensaft überträufeln, damit er nicht braun wird, anschließend den Salat mit
Salz und Pfeffer	abschmecken sowie
2 El *natives Olivenöl extra*	darüber geben. Auf einem flachen Salatteller anrichten und nach Belieben mit etwas
Thunfisch und Oliven	garnieren. Die in *nativem Olivenöl extra* eingelegten Zitronen (siehe Zitronenöl) eignen sich klein geschnitten hervorragend, um diesem Salat eine ganz besondere Note zu verleihen.

Salatsaucen

Diese einfachen Saucen bilden die Grundlage für die meisten frischen Salate. Natürlich hängt auch hier der Geschmack von den Zutaten ab. Je besser die Qualität des nativen Olivenöls, desto schmackhafter und gesünder die Sauce und damit der ganze Salat! Frische Salate brauchen weder Geschmacksverstärker noch andere chemische Zusatzstoffe aus vorgefertigten Salatsaucen, um *einfach* köstlich zu sein!

- Pures *natives Olivenöl extra* mit Salz und Pfeffer abschmecken.
- *Natives Olivenöl extra* mit frischem Zitronensaft abschmecken und mit Salz und Pfeffer würzen. Hier besteht die Möglichkeit, die Salatsauce mit frischen fein gehackten Kräutern, wie zum Beispiel Minze, geschmacklich zu verändern.

Eine Vinaigrette aus *nativem Olivenöl extra* und feinem Essig im Verhältnis 3/2 herstellen, eventuell mit einigen Spritzern Zitronensaft verfeinern und mit Salz und Pfeffer sowie nach Belieben mit frischen fein gehackten Kräutern abschmecken.

Selbst gemachte Mayonnaise

2 Eigelb	leicht salzen und mit
1 El Zitronensaft	schaumig rühren.
250 ml *natives Olivenöl extra*	peu à peu hinzugeben und mit einem Mixer rühren, bis sich eine cremige Masse ergibt. Eigelb und *natives Olivenöl extra* sollten die gleiche Temperatur haben. Zuletzt mit
Salz und Pfeffer	abschmecken.

Salata Mechouia (gegrillter Salat)

500–750 g scharfe und süße Paprika (je nach Geschmack) sowie 1 Tomate und 1 Knolle ungeschälten Knoblauch	auf dem Grill garen. Anschließend die Paprika und die Tomate häuten, die Kerne entfernen und den Knoblauch schälen. Den Knoblauch zusammen mit
1 Tl gemahlenem Kümmel (Carum carvi) und $^1/_2$ Tl Salz	im Mörser zerkleinern. Das Gemüse dazugeben und weiter zerkleinern. Sollte man keinen Mörser zur Hand haben, kann man das Gemüse auch auf einem Brett mit einem großen Messer klein hacken. Gut vermischen, auf einem Servierteller anrichten, mit
nativem Olivenöl extra	übergießen und nach Wunsch mit
Thunfisch und Oliven	verzieren.

Gegrilltes Gemüse – einfach, gesund und lecker

1 Zucchini, 1 Aubergine, 1 große Zwiebel	in dünne, gleichmäßige Scheiben schneiden und vorsichtig grillen.
Einige süße und scharfe Paprika sowie 2 ganze Knollen Knoblauch	grillen. Die Paprika häuten und in Streifen schneiden, den Knoblauch schälen und ggf. auch in Streifen schneiden. Die Zucchini, die Aubergine und die Paprika jeweils auf einem eigenen Teller anrichten, salzen und mit einigen Spritzern
Zitronensaft	würzen. Zuletzt mit etwas
nativem Olivenöl extra	übergießen. Die Zwiebel und die Knoblauchzehen ebenfalls auf separaten Tellern anrichten, salzen und mit *nativem Olivenöl extra* verfeinern.

Gegrilltes Gemüse – feine Variante (Auberginen und Zucchini)

1 Aubergine und 1 Zucchini	in feine Scheiben schneiden und vorsichtig grillen. Anschließend gemeinsam in einen tiefen Teller schichten. Hierbei jede Schicht mit
Salz und Kräutern der Provence	würzen.
Einige Blätter frische Minze	auf jeder Schicht verteilen und großzügig mit
nativem Olivenöl extra	übergießen. Vor dem Servieren mindestens 20 Minuten marinieren lassen.

Muluchiya

Muluchiya oder Muskraut (*Corchorus olitorius*) ist eine der Jute verwandte Pflanze, deren getrockneten und fein gemahlenen Blätter beim Kochen zunächst eine leicht schleimige Konsistenz bekommen, die das Gericht aber durch die sehr lange Kochzeit von mindestens fünf Stunden vollkommen verliert. Wegen ihrer tiefgrünen Farbe wird diese Speise in TUNESIEN und vielen anderen arabischen Ländern zu bestimmten traditionellen religiösen Anlässen zubereitet. Sie enthält eine Menge Eisen und ist sicherlich auch wegen der beträchtlichen Menge an *nativem Olivenöl extra* eine sehr gesunde Mahlzeit, die besonders bei den Kindern äußerst beliebt ist.

200 g gemahlenes Muluchiya mit 200 ml *nativem Olivenöl extra*	in einen großen Topf geben und unter ständigem Rühren ca. 2 Minuten auf kleiner Flamme leicht anwärmen, sodass sich beides gut vermischt und sich eine homogene Masse bildet. Anschließend mit
3 l heißem Wasser	auffüllen und etwa 4 Stunden auf mittlerer Flamme köcheln lassen. In dieser Zeit verliert es die anfängliche feste und schleimige Konsistenz. Besonders zu Beginn und zum Ende hin gut aufpassen und regelmäßig umrühren, damit das Gericht nicht ansetzt oder gar anbrennt. Nach 4 Stunden
1–1,5 kg Lammfleisch	in große Stücke zerteilen und in die Sauce legen. Mit
1 Tl Salz, 4 Lorbeerblättern und 1 El gemahlenem Koriander sowie 10–15 Blättern frischer Minze (bzw. 1 El getrockneter und fein zerriebener Minze)	würzen.
5–6 Knoblauchzehen	durch die Knoblauchpresse drücken.
0,5–1 l Wasser	zum Garen des Fleisches hinzufügen und das Ganze ca. 1–2 Stunden auf mittlerer Flamme unter gelegentlichem Umrühren garen. Das Gericht ist gar, sobald sich das *native Olivenöl extra* von der Muluchiya löst, nach oben steigt und eine dünne dunkle Schicht bildet. Mit
frischem Baguette	servieren.

Couscous mit Fleisch

Das tunesische Nationalgericht Couscous darf bei dieser Aufzählung auf keinen Fall fehlen. Wegen seiner zahlreichen Variationsmöglichkeiten ist es sehr beliebt und es gibt tatsächlich tunesische Familien, die jeden Tag Couscous essen. Hier ist das Rezept der bekanntesten Variation: Couscous mit Fleisch!

5 El Tomatenmark und eine gehackte Zwiebel mit $^1/_2$ Glas *nativem Olivenöl extra* und einem Glas Wasser	vorgaren. Mit
$^1/_2$ El Salz, schwarzem Pfeffer, 1 El scharfem Paprikapulver	würzen.
4–5 angeschnittene Pfefferschoten	in dieser Sauce garen, dann herausnehmen und zur Seite stellen.
150 g über Nacht eingeweichte Kichererbsen	in die Sauce geben.
1 kg Lamm- oder Kalbfleisch, Huhn oder Pute	grob portionieren und in den Topf geben. Mit
1,5 l Wasser	auffüllen und sprudelnd kochen lassen.
4 Karotten und 4 weiße Rüben	schälen, halbieren und zu der Sauce geben. Abgedeckt weiterkochen lassen, bis das Fleisch fast gar ist und die Sauce sich um einiges reduziert hat. Während dieser Zeit das Couscous vorbereiten:
3 Tassen (etwa 600 g) Couscous	in eine Schüssel geben und mit
$^1/_2$ El Salz	würzen.
10 cl *natives Olivenöl extra* und etwa 1 Glas lauwarmes Wasser	in dem Couscous verteilen. Immer wieder umrühren und die Klumpen mit dem Löffelrücken glatt streichen, bis das Couscous das Wasser aufsogen hat und es wieder schön körnig ist. Nach frühestens einer Stunde, sobald das Fleisch fast gar ist,
2–3 Kartoffeln	schälen, halbieren und in die Sauce geben. Nach ca. 5 Minuten das Couscous in das Couscoussieb füllen und über der Sauce platzieren. Das Ganze bei mittlerer Hitze weitere 15–20 Minuten kochen lassen, sodass das Couscous in dem nach oben entweichenden Wasserdampf garen kann. Dieses nun in eine große Schüssel stürzen und nochmals mit dem Löffel umrühren und auflockern. Etwa 6 große Kellen Sauce auf dem Couscous verteilen und umrühren, bis es die gesamte Sauce aufgenommen hat. Zu guter Letzt das Gemüse und das Fleisch schön auf dem Couscous anordnen und servieren.

Kamounia (Ragout mit Innereien)

Dieses klassische tunesische Gericht ist nach dem darin vorherrschenden Gewürz, dem Kreuzkümmel, benannt, der auf Arabisch *al-kamoun* genannt wird.

Insgesamt 1,5 kg Kalbfleisch, Kalbsniere und -herz	in größere, noch mundgerechte Stücke zerteilen.
3 El Tomatenmark	in
10 cl *natives Olivenöl extra*	geben, das Fleisch hinzufügen. Mit
Salz, Pfeffer, 1 El gemahlenem Koriander	sowie je nach Geschmack und Schärfe
etwa 1 El scharfem Paprikapulver	würzen. Mit kaltem Wasser gerade bedecken und zum Kochen bringen.
1 Knolle Knoblauch	hineinpressen. Sobald das Fleisch fast gar ist,
1 geschälte, halbierte Kartoffel	in die Sauce geben und diese mit
2 El gemahlenem Kreuzkümmel	würzen. Das Gericht weiterkochen lassen, bis das Fleisch und die Kartoffel gar sind. Während der letzten 5 Minuten einige
halbierte Pfefferschoten	mitgaren.

Kaak *Yoyo*

750 g Mehl, 1 Tüte Backpulver, 1 Prise Salz, 1 Tüte Vanillezucker und 150 g Zucker	vermischen. Die Mischung ringförmig auf einem Blech verteilen und in eine Vertiefung in der Mitte
10 cl *natives Olivenöl extra*, 10 cl Milch und 4 Eier ½ Glas Wasser	geben. Diese Zutaten sorgfältig vermischen. Nach und nach hinzufügen und so lange kneten, bis ein geschmeidiger und fester Teig entstanden ist. Nun den Teig 20–25 Minuten ruhen lassen. In dieser Zeit einen Zuckersirup herstellen. Hierzu
1 kg Zucker in ¾ l kochendem Wasser	auflösen und kochen lassen, bis er die richtige Konsistenz hat.
Natives Olivenöl extra	in einer tiefen Pfanne so weit erhitzen, dass es noch nicht zu rauchen beginnt. Den Teig auf einer bemehlten Fläche eineinhalb Zentimeter dick ausrollen. Nun Ringe von 5–6 cm Durchmesser ausstechen und in deren Mitte einen kleinen Ring in der Größe eines Fingerhutes ausstechen. Die Kaak *Yoyo* im heißen Olivenöl schwimmend von beiden Seiten ausbacken, bis sie goldgelb sind. Anschließend herausnehmen und gut abtropfen lassen. Dann in die Zuckerlösung tauchen und wieder abtropfen lassen. Zum Schluss die Kaak *Yoyo* mit
150 g gehackten Mandeln	bestreuen.

Ftair dibla

1 kg Mehl	auf ein Blech sieben und in eine Vertiefung in der Mitte des Mehles
1 gestrichenen Tl Salz, 4 Eier und 6 El *natives Olivenöl extra*	geben. Alle Zutaten leicht verrühren. Nach und nach
lauwarmes Wasser	hinzugeben, bis ein geschmeidiger und glatter Teig entstanden ist. Diesen Teig abdecken und 20–25 Minuten ruhen lassen. Während dieser Zeit einen
Zuckersirup	wie im vorigen Rezept herstellen. Den Teig in jeweils orangengroße Stücke teilen und auf der bemehlten Arbeitsfläche sehr dünn (2 mm) ausrollen. Hiervon 20-25 cm lange und 4–5 cm breite Streifen abradeln. Diese Steifen einen nach dem anderen locker um den Finger rollen und anschließend im heißen
nativen Olivenöl extra	ausbacken, bis sie goldgelb sind. Gut abtropfen lassen und in den Zuckersirup tauchen. Schließlich mit
100 g gerösteten Sesamkörnern	bestreuen.

Würzöle, aromatisierte Olivenöle

Es ist ganz einfach, aromatisierte Olivenöle nach dem eigenen Geschmack herzustellen. Diese mit den persönlichen Lieblingskräutern gewürzten Öle eignen sich sowohl roh zur Verfeinerung von Salaten als auch zum Backen, Braten, Kochen und zum Verfeinern und Marinieren von Grillgut. Damit das aromatisierte Olivenöl sich nicht nach einer Weile trübt, sollten die Kräuter vorher sehr gut getrocknet werden. Man füllt *natives Olivenöl extra* in dekorative Flaschen oder Gläser und gibt die entsprechenden Kräuter und Samen hinzu. Der Fantasie sind hierbei keine Grenzen gesetzt. Luftdicht verschlossen lässt man dann seine eigenen Kreationen für zwei bis drei Wochen an einem kühlen Ort ziehen. Will man das aromatisierte Olivenöl für längere Zeit haltbar machen, sollte man dieses unbedingt sehr gründlich filtern. Anderenfalls kann sich, wie etwa beim Zitronenöl oder anderen Ölen aus frischen Zutaten, am Flaschenboden eine Wasserschicht bilden, die ideal für Mikroorganismen ist. Solche Öle verderben wesentlich schneller als ein sorgfältig gefiltertes Öl.

Zitronenöl

2 ungespritzte Zitronen mit feiner Schale	waschen und abtrocknen. Vierteln, die Kerne entfernen, mit
Salz	bestreuen und einen Tag in einem Sieb abtropfen lassen. Trocken tupfen, in ein dekoratives Glas geben,
1 Stange Zimt, 1 Knoblauchzehe und 2 Zweige frischen Koriander	hinzufügen. Mit
nativem Olivenöl extra	auffüllen. Das Glas an einen kühlen Ort stellen und das Öl eine Woche ziehen lassen.

Das mit Zitronen aromatisierte *native Olivenöl extra* eignet sich besonders gut zur Verfeinerung von Salaten und gibt Gemüsegerichten eine frische Note. Aber auch die Zitronen sind mitsamt ihrer Schale essbar. Klein geschnitten im Salat oder in feine Streifen geschnitten sind sie eine schöne und köstliche Dekoration.

Es empfiehlt sich jedoch, immer nur kleinere Mengen dieses Zitronenöls herzustellen. Sobald sich das Fruchtwasser der Zitronen am Boden sammelt, sollte das Öl schnell verzehrt oder zumindest sehr gründlich gefiltert werden.

Oliven einlegen

Frisch vom Baum gepflückte Oliven sind sehr bitter und ungenießbar. Es gibt jedoch verschiedene Möglichkeiten, ihnen die Bitterkeit zu entziehen und sie haltbar zu machen. Jede Region hat hier ihre eigenen Bräuche. In TUNESIEN wird den Oliven das Fruchtwasser und der äußerst bittere Geschmack mithilfe von Salz entzogen. Bei Tafeloliven ist es sehr wichtig, dass sie in einem absolut tadellosen Zustand verarbeitet werden. Deshalb werden sie auch vorsichtig per Hand direkt in Körbe geerntet und fallen nicht wie die Öloliven auf die Bodenmatten. Druckstellen und andere Verletzungen der Olivenhaut würden dazu führen, dass die Olive noch während des Verarbeitungsprozesses zu schimmeln beginnt und möglicherweise sogar alle anderen auch verderben lässt.

Grüne Oliven: Grüne bis fast schwarze Oliven, also alle, die gerade ihre Farbe wechseln und noch nicht vollreif und tiefschwarz sind, werden in einer Salzlake eingelegt. Nach gründlicher Reinigung und nachdem alle Blätter und Stiele entfernt wurden, werden die Oliven zunächst für etwa eine Woche in klares Wasser gelegt. In dieser Zeit verlieren sie schon einiges an Bitterkeit und ein Teil des Fruchtwassers tauscht sich aus. Das klare Wasser verfärbt sich immer dunkler und muss täglich gewechselt werden. Nach sieben Tagen schüttet man das letzte Mal das Wasser weg, spült die Oliven noch einmal mit frischem Wasser und füllt sie dann in große Aufbewahrungsgläser. Für die Salzlake wird so viel Salz in Wasser aufgelöst, bis ein rohes Ei darin schwimmt und ein etwa centgroßes Stück davon oberhalb der Wasseroberfläche zu sehen ist. Auf diese Weise bestimmen die tunesischen Frauen den Salzgehalt der Lake und dieses Verfahren gelingt immer, egal, wie viel Salzlake man gerade herstellen möchte. Nun werden die Oliven mit Zitronenhälften abgedeckt und die Gläser mit der Salzlake aufgefüllt. Nach Geschmack kann man noch einige Lorbeerblätter hinzufügen. Die Salzlake stimuliert die mikrobiellen Aktivitäten, die für die Fermentierung nötig sind, und unterstützt den Abbau der Bitterstoffe. Die Oliven müssen bis zum ersten Verzehr einige Wochen in der Salzlake ziehen, halten sich dann aber mindestens ein Jahr.

Schwarze Oliven: Vollreife, tiefschwarze Oliven werden ganz anders behandelt. Nach einer gründlichen Reinigung und einem Auslesen der unbrauchbaren Früchte und der Stiele werden die Oliven sehr großzügig mit grobem Salz gesalzen. Anschließend werden sie in einen Leinensack gefüllt, der fest zugeschnürt und mit einem Gewicht (Stein, Wasserkanister etc.) beschwert wird. Da die Oliven nun Wasser verlieren, muss dieses täglich abgeschüttet werden. Es empfiehlt sich, einen tiefen Teller verkehrt herum unter den Leinensack zu stellen, damit die Oliven nicht in ihrem Wasser liegen. Sobald fast kein Fruchtwasser mehr austritt, müssen sie in der Sonne trocknen. Abhängig von den Wetterverhältnissen und der Olivengröße dauert dies zwischen ein bis zwei Wochen. Dabei muss man aufpassen, dass die Oliven nicht feucht liegen, damit sich kein Schimmel bilden kann. Eventuell wird lieber noch einmal leicht nachgesalzen. Zum Ende hin kann man, um festzustellen, ob die Früchte bereits verzehrbereit sind, ruhig einige abwaschen und kosten. Nun die Oliven grob vom Salz befreien, aber nicht waschen, in ein Sieb legen und im Kühlschrank aufbewahren. Die Oliven halten sich so bis zur nächsten Ernte, obwohl sie natürlich immer weiter trocknen. Sind sie zu hart geworden, kann man sie portionsweise für kurze Zeit ins Wasser legen, damit sie wieder etwas Flüssigkeit ziehen können. Eine andere Methode, die getrockneten Oliven im Kühlschrank länger aufzubewahren, besteht darin, sie leicht mit nativem Olivenöl einzureiben. Auf diese Weise verhindert man das allmähliche Austrocknen. Man muss die Oliven allerdings hin und wieder wenden, da sich das native Olivenöl sonst langsam nach unten absetzt.

Frittieren mit Olivenöl

Leider ist die irrige Meinung, das Frittieren von Lebensmitteln zähle zu den ungesündesten Zubereitungsformen überhaupt und man nehme dadurch eine große Menge Fett zu sich, sehr weit verbreitet. Viele Menschen sind nur schwer von den wahren Gegebenheiten zu überzeugen, obwohl das Gegenteil bereits durch viele seriöse wissenschaftliche Untersuchungen bewiesen wurde! Aus diesem Grund ist es wichtig, das Thema Frittieren etwas detaillierter zu betrachten.

Beim Frittieren handelt es sich um eine der ältesten und besonders in den Mittelmeerländern auch um die populärste Art, seine Mahlzeiten zuzubereiten. Genau genommen ist dieses Verfahren stark in den Gegenden verwurzelt, in denen natives Olivenöl produziert wird. Das hat auch seinen Grund!

In verschiedenen wissenschaftlichen Untersuchungen stellte sich heraus, dass sich das Frittieren weitaus weniger aggressiv auf den Nährwert des jeweiligen Lebensmittels auswirkt als andere Verarbeitungsarten – vorausgesetzt, es wird korrekt ausgeführt.

»Frittieren« bedeutet, dass das Lebensmittel in einem heißen »Ölbad« gegart wird, d. h. in einer beträchtlichen Menge Öl, in die das Frittiergut vollständig eintauchen kann. Dies ist der große Unterschied zu den anderen Zubereitungsmöglichkeiten, bei denen ebenfalls Öl benutzt wird, wie beispielsweise beim Schmoren und Braten.

Die oben erwähnten Studien stehen in einem auffallenden Widerspruch zu der weit verbreiteten Annahme, dass frittierte Lebensmittel einen niedrigeren Nährwert besäßen und schlechter zu verdauen seien als auf andere Art zubereitete Speisen. Dabei nimmt man hier nicht das komplette »Kochfett« zu sich wie beim Schmoren oder Braten, sondern es wird nach korrektem Abtropfen nur eine geringe Menge Fett verzehrt, nämlich nur was bei dem Frittierprozess in das Lebensmittel eingedrungen ist.

Wird korrekt frittiert, nimmt das Lebensmittel nicht mehr Fett auf als bei den anderen Zubereitungsformen, bei denen Fett benutzt wird!

Um zu verstehen, warum das Frittieren den Nährwert eines Produktes nicht stark mindert, muss man sich den Frittierprozess im Detail anschauen. Wie allgemein bekannt ist, hängt der Nährwertverlust von der Stärke und der Dauer der Hitzeeinwirkung ab. Je länger also ein Lebensmittel der Hitze ausgesetzt ist und je höher die Temperatur ist, desto mehr Vitamine und andere thermolabile Inhaltstoffe werden zerstört. Zusätzlich gehen durch eine chemische Reaktion mit dem Sauerstoff (Oxidation) viele Nährwerte verloren. Eine Oxidation wird beim Frittieren im Ölbad aber praktisch ganz ausgeschlossen, da das Frittiergut vollständig ins Öl eintaucht, von ihm umschlossen und damit vor einer Oxidation geschützt wird.

Der Frittierprozess teilt sich in zwei Phasen auf. Nachdem das Lebensmittel in ein etwa 180 Grad heißes Olivenölbad gegeben wurde, verdampft während der ersten sehr wichtigen Phase eine beachtliche Menge Wasser aus dem Nahrungsmittel. Während dieses Vorgangs bleibt die Temperatur in dessen Innerem aus physikalischen Gründen konstant unter 100 Grad, und zwar unabhängig von der Temperatur des nativen Olivenöls.

Dies ist deshalb so wichtig, weil hier der Zeitaspekt eine wesentliche Rolle spielt. Frittieren geht schnell, meist dauert der Vorgang nur einige Minuten. Von der Gesamtdauer des Frittierprozesses nimmt die erste Phase etwa zwei Drittel in Anspruch. Da in dieser Zeit das Wasser verdampft, ergibt sich eine sehr kurze Aktionszeit von kaum mehr als zwei Minuten während der zweiten Phase, bei der die Temperatur im Innern des Nahrungsmittels deutlich über 100 Grad ansteigt. So bleibt die Zeitspanne für eine eventuelle Schädigung thermolabiler Inhaltstoffe äußerst kurz.

1)

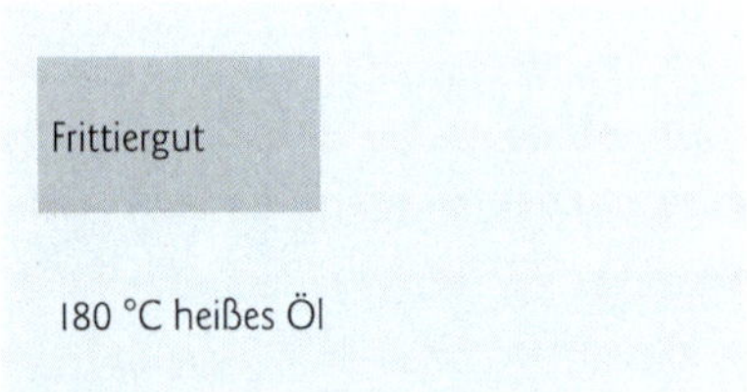

Das Frittiergut wird in 180 °C heißes Frittierfett eingebracht

2) erste Phase

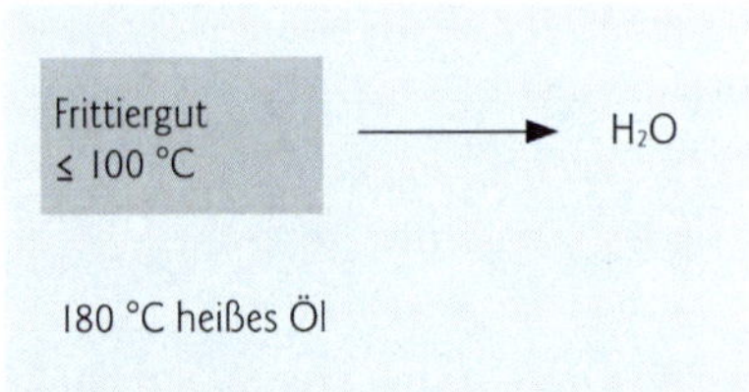

Während der ersten Phase des Frittiervorgangs verdampft ein großer Teil des im Lebensmittel vorhandenen Wassers. Während dieser Zeit überschreitet die Temperatur im Inneren des Lebensmittels 100 °C **nicht**.

3) zweite Phase:

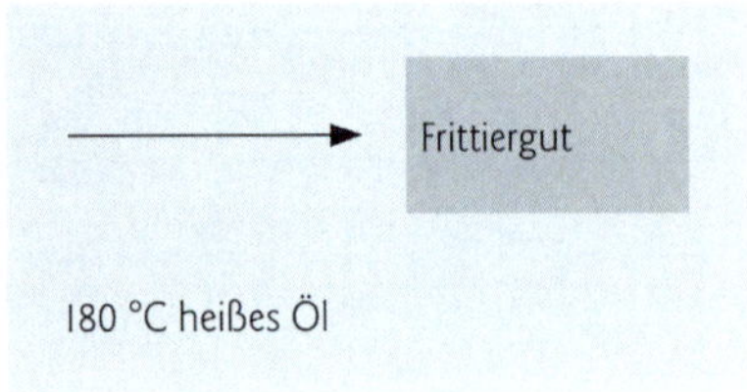

Während der zweiten Phase dringt das heiße Frittierfett in das Frittiergut ein und ersetzt das verdampfte Wasser.

Immer wieder wird der Schutz des Vitamin C als Indikator für eine Nährwert schonende Zubereitung herangezogen. Anhand seines Beispiels lässt sich auch ganz deutlich beweisen, dass sich das Frittieren im Ölbad tatsächlich weniger aggressiv auf die thermolabilen Inhaltsstoffe auswirkt als andere Zubereitungsformen.

In der folgenden Tabelle werden zwei unterschiedliche Gemüsesorten aufgelistet, die im rohen Zustand einen unterschiedlich hohen Vitamin-C-Gehalt besitzen, nämlich im Falle der Kartoffel einen relativ niedrigen und bei der Paprika einen relativ hohen. Nach deren Frittieren im Olivenölbad ergibt sich ein Rückhaltekoeffizient von etwa 70 Prozent, d. h. dass in beiden Fällen nur etwa 30 Prozent an Vitamin C durch die Zubereitung verloren gegangen sind. Im klaren Gegensatz hierzu stehen die Zahlen für andere Zubereitungsarten (Schmoren, Braten, Dünsten), bei denen nur etwa 25 Prozent des im rohen Gemüse vorhandenen Vitamin C die »Wärmebehandlung« überlebten und etwa 75 Prozent verloren gegangen sind, und dies unabhängig vom ursprünglichen Vitamin-C-Gehalt im jeweiligen Lebensmittel.

Auswirkungen verschiedener Zubereitungsarten auf der Basis von Olivenöl auf den Vitamin-C-Gehalt verschiedener Lebensmittel

	Roh	Frittiert		Gebraten/Gedünstet	
	mg/100g	mg/100g rohes Lebensmittel	RK%	mg/100g rohes Lebensmittel	RK%
Kartoffel	19,1 ± 1,2	13,3 ± 0,1	70	4,5 ± 0,1	24
Paprika	112,3 ± 2,5	82,7 ± 2,2	74	29,6 ± 0,2	26
RK: Rückhaltekoeffizient, bezeichnet die prozentuale Menge des Vitamin C im Vergleich zum rohen Lebensmittel					

Quelle: Varela, Gregorio: La friture des aliments à l'huile d'olive

Beim Frittieren gehen nicht mehr als 30 Prozent des ursprünglichen Vitamin-C-Gehaltes verloren. Im Vergleich dazu werden bei den anderen Zubereitungsformen (Braten, Schmoren) etwa 75 Prozent des Vitamin C zerstört!

Die Ergebnisse sollten nicht überraschen und sind auch einleuchtend, denn dieses »Phänomen« ist einerseits durch die sehr kurze Hitzeeinwirkung auf die Lebensmittel während der zweiten Frittierphase zu erklären und andererseits durch die Abwesenheit von Sauerstoff während des kompletten Frittiervorgangs.

Es gibt noch einen zweiten, sehr wichtigen Aspekt beim Frittieren, auf den unbedingt hingewiesen werden muss. In wissenschaftlichen Untersuchungen wurde festgestellt, dass beim Frittieren unterschiedliche Prozesse vor sich gehen, je nachdem, ob es sich um fettarme oder fettreiche Lebensmittel handelt. Beim Frittieren von fettarmen Lebensmitteln dringt Frittieröl in das Nahrungsmittel ein, es reichert sich mit diesem Fett an und wird tatsächlich »fettreicher«.

Die Zusammensetzung des Fettes im Lebensmittel nach dem Frittieren ist praktisch identisch mit der Zusammensetzung des Frittierfettes. Beispielsweise hat eine in *nativem Olivenöl extra* frittierte Kartoffel einen hohen Anteil an einfach ungesättigten Fettsäuren, genau wie das benutzte Frittierfett (*natives Olivenöl extra*).

Was beim Frittieren von ursprünglich fettreichen Lebensmitteln vor sich geht, gestaltet sich sehr viel komplizierter und soll hier nicht bis ins allerletzte Detail erklärt werden.

Beim Frittieren fettreicher Lebensmittel erfolgt keine quantitative Veränderung des Fettgehaltes, vielmehr verändert sich die Qualität des Fettes im Lebensmittel.

Vereinfacht ausgedrückt tauschen sich die verschiedenen Fette aufgrund physikalischer Gesetze aus. Dieser Vorgang basiert auf der Tatsache, dass die Tendenz besteht, unterschiedliche Konzentrationen verschiedener Stoffe in einem Milieu einander anzugleichen. Dies führt zu einem Austausch der Fette und einer Veränderung der Zusammensetzung der Fettsäuren sowohl im Frittierfett, das sich mit den Fettsäuren aus dem frittierten Lebensmittel anreichert, als auch im Lebensmittel, das sich mit den Fettsäuren aus dem Frittierfett anreichert. Am Ende dieses Prozesses hat sich etwa die Qualität des frittierten Fleisches gegenüber dem rohen Fleisch bezüglich der Zusammensetzung der Fettsäuren deutlich gebessert. Der Fettgehalt (Quantität) ist aber in etwa gleich geblieben. Gleichzeitig verschlechtert sich die Qualität des nativen Olivenöls, da es durch diesen Fettaustausch bei jedem Frittiervorgang die ungesünderen Fettsäuren (gesättigte und mehrfach ungesättigte Fettsäuren) aus dem Frittiergut aufnimmt. Aus diesem Grund sollte es in regelmäßigen Abständen je nach Art des Frittierguts durch frisches natives Olivenöl ersetzt werden!

Das Frittieren von Fleisch, sei es mager oder fett, in hochwertigem *nativem Olivenöl extra* verbessert maßgeblich die Qualität seines Fettes, indem die tierischen mehrfach ungesättigten Fettsäuren durch die pflanzlichen und folglich cholesterinfreien einfach ungesättigten Fettsäuren des *nativen Olivenöls extra* ersetzt werden!